_____ 님의 소중한 미래를 위해
이 책을 드립니다.

아리스토텔레스의 인생 수업

인간의 행복은 어디에서 오는가

아리스토텔레스의 인생 수업

아리스토텔레스 지음 | 정영훈 엮음 | 김익성 옮김

메이트북스

메이트북스 우리는 책이 독자를 위한 것임을 잊지 않는다.
우리는 독자의 꿈을 사랑하고,
그 꿈이 실현될 수 있는 도구를 세상에 내놓는다.

아리스토텔레스의 인생 수업

초판 1쇄 발행 2024년 8월 30일
지은이 아리스토텔레스 ㅣ **엮은이** 정영훈 ㅣ **옮긴이** 김익성
펴낸곳 (주)원앤원콘텐츠그룹 ㅣ **펴낸이** 강현규·정영훈
등록번호 제301-2006-001호 ㅣ **등록일자** 2013년 5월 24일
주소 04607 서울시 중구 다산로 139 랜더스빌딩 5층 ㅣ **전화** (02)2234-7117
팩스 (02)2234-1086 ㅣ **홈페이지** matebooks.co.kr ㅣ **이메일** khg0109@hanmail.net
값 15,000원 ㅣ **ISBN** 979-11-6002-906-2 03100

행복이란 삶의 의미이자 목적이며,
인간 존재의 총체적인 목표이자 끝이다.

- 아리스토텔레스 -

삶의 목적의식과 방향성을 찾게 되다!

아리스토텔레스의 대표 저작으로 손꼽히는 『니코마코스 윤리학』의 중심에는 "어떤 삶이 좋은 삶, 즉 행복한 삶인가?"라는 물음이 존재한다. 행복한 삶에 대한 아리스토텔레스의 논증은 지극히 상식적이다. 아리스토텔레스가 보는 세상에서는 만물이 각자 나름의 목적을 가지고 존재한다. "자연은 목적 없이는 아무것도 하지 않는다."

인간 역시 마찬가지다. 인간도 목적을 가지고 태어났으며 인간의 모든 행위가 지향하는 궁극적인 목적이 바로 가장 좋음, 즉 최고의 선(善)이며 이러한 가장 좋음이 바로 '행복'이다. 행복이란 인간의 좋음 중에서 가장 큰 좋음이며 인간이 가장 좋음인 행복을 추구하는 것은 다른 목적을 위해서가 아니라 행복

그 자체가 최종적이며 자족적이기 때문이다. 아리스토텔레스는 "우리는 행복을 항상 그 자체로 선택하지, 다른 어떤 것을 위해서 선택하지는 않는다"고 말한다.

아리스토텔레스가 말하는 '행복'은 사전적인 의미인 "생활에서 충분한 만족과 기쁨을 느끼어 흐뭇함, 또는 그러한 상태"라는 주관적인 감정의 상태가 아니다. '행복'으로 옮긴 그리스어 '에우다이모니아(eudaimonia)'는 아리스토텔레스가 살았던 시절 그리스에서는 '잘 사는 것'이나 '잘 지내는 것' 같은 뜻으로 사용되었다.

물론 아리스토텔레스는 행복한 삶이야말로 만족스럽고 즐거운 삶이라고 생각한다. 하지만 아리스토텔레스에 따르면 만족스러움이나 즐거움은 행복한 삶에 뒤따르는 것이지 그것 때문에 또는 그것을 목적으로 행복한 삶을 바라는 것이 아니다. 행복은 최종적이고 자족적인 것이기 때문이다.

그렇다면 행복하게 잘 산다는 것은 도대체 어떻게 산다는 것일까? 아리스토텔레스에 따르면 행복은 인간이 타고난 기능을 목적에 맞게 탁월하게 수행하는 삶을 사는 것이다. 이러한 인간 고유의 기능이 바로 '덕(탁월성)'을 드러내 보이는 이성적 영혼의 활동이며, 이것이 바로 인간에게 가장 좋은 최고의 선이

자 행복이라는 것이다. 아리스토텔레스는 "인간의 기능이 자기 영혼의 능력을 발휘해 이성에 따라 온갖 행동을 수행하는 삶을 사는 것이라면, 훌륭한 인간의 기능은 그런 일을 훌륭히 해내는 것이다. 그리고 어떤 행동이 훌륭하게 행해지기 위해서 그에 걸맞은 덕에 따라야 하는 것이라면, 인간에게 좋음은 덕을 드러내 보이는 영혼의 활동"이라고 말한다.

하지만 아리스토텔레스는 돈이나 타고난 재능이나 외모, 행운 같은 '우연성'도 행복의 조건이 될 수 있음을 부정하지 않으며, 고통을 피하고 즐거움을 추구하며, 화를 내고 시샘하고 더 많이 가지려는 인간 본연의 '욕구'나 '욕망'을 무시하거나 부인하지도 않는다. 다만 이러한 조건은 모두 행복의 필요조건일 뿐이며, 행복의 핵심은 '덕' 또는 '탁월성'에 있다고 보았다.

아리스토텔레스는 이러한 '덕'의 본질적 특징이 '중용'에 있다고 본다. '중용'이란 정념이나 행위에서 과하거나 부족하지 않은 중간 정도의 적절한 상태를 의미한다. "도덕적인 덕은 정념이나 행위와 관련이 있고 이러한 정념과 행위에는 과함과 부족함, 중간이 있고" "마땅한 때에, 마땅한 대상에 대해서, 마땅한 사람을 향해서, 마땅한 동기와 마땅한 방식으로 그런 정념을 느끼는 것은 중도이자 가장 좋음이며, 이것이 바로 덕의 특징"이다. "덕은 일종의 중용이다."

이제 우리는 중용의 덕을 갖춘 인간을 유덕한 인간이라 부를 수 있고, 이렇게 유덕한 성품을 지닌 사람의 행위를 올바른 행위라고 할 수 있다. 이런 성품은 타고나는 것도 아니고, 우연히 얻어지는 것도 아니다. 인간의 노력과 실천을 통해 얻어질 수 있는 것이다. 우리는 배움을 통해 얻게 되는 '실천적 지혜'를 통해 특정 상황에서 어떻게 행동하는 것이 중용에 따른 행위인지를 알게 된다. 그리고 이런 행위를 계속 실천하다 보면 습관이 되고 자연스레 그런 행위를 할 수 있는 사람이 된다. 즉 유덕한 행위를 하다 보니 유덕한 사람이 되고 그렇게 유덕한 사람이 하는 행위가 바로 중용을 따르는 행위가 된다는 말이다.

한편 아리스토텔레스는 이러한 덕이 국가라는 공동체 속에서 갖춰질 수 있는 것이라고 보았다. 즉 공동체 안에서 다른 사람과의 관계 속에서 배우고 쌓이고 발휘할 수 있다는 것이다. 결국 인간의 행복은 고립된 개인의 행복이 아닌 것이다.

매년 3월 20일은 UN이 지정한 '국제 행복의 날'이다. UN 산하 자문 기구인 지속가능발전해법 네트워크는 매년 이날 〈세계행복보고서〉를 통해 전 세계 행복 순위를 발표한다. 2024년

엮은이의 말   9

보고서에서 핀란드는 7.741점으로 7년 연속 1위를 차지했고, 우리나라는 6.058점으로 조사 대상 143개국 가운데 52위를 차지했다. 52위라는 우리나라의 행복 성적표는 '높아진 기대수명'과 '경제력'이 평균적인 행복도를 상승시켰을 뿐이고, 실제로 우리나라 국민이 체감하는 행복 지수는 52위보다 더 낮을 것이라는 분석도 있다. OECD 국가 중 자살률 1위, 급격하게 떨어지고 있는 출산율 등 사회적 불행 지표가 높아지고 있기 때문이다.

우리는 왜 행복하지 못한 걸까? 아직 충분히 많은 돈을 벌지 못해서일까, 아니면 돈으로 살 수 없는 중요한 무엇인가를 놓치고 있는 걸까? 상황이 이럴진대 "영원불변하는 진리를 탐구하는 관조적 삶"이 최선의 행복이라 설파하는 아리스토텔레스의 『니코마코스 윤리학』이 무슨 도움이 될까? '행복의 윤리학'보다 '불평등의 경제학'이 더 시급한 것은 아닐까?

그럼에도 고전이 고전인 이유가 인간과 사회의 근본 문제에 대해서 질문을 던지는 데 있다고 할 때, 아리스토텔레스가 던지는 질문은 우리에게도 여전히 유효해 보인다. "우연이 없이도 노력만 하면 행복해질 수 있을까?" "욕망을 추구하고 이를 충족시키는 삶이 행복한 삶일까?" "어쩔 수 없이 생겨나는 정넘이나 욕망에 어떻게 대처해야 할까?"

『니코마코스 윤리학』을 읽는다고 이런저런 이유로 고단한 우리네 삶이 곧바로 행복해지지도 않을뿐더러 마음의 평안이나 한 줌의 위로도 안겨주지 않는다. 그저 인생을 잘 산다는 게 무엇인지, 이 물음을 놓고 방황하는 사람에게 차분히 스스로 생각해보라고 권면할 뿐이다.

동양이든 서양이든 이른바 '고전'으로 불리는 저작은 그 분량이나 내용 이해라는 면에서 아무런 배경지식도 없는 보통의 현대 독자가 읽어내기란 결코 쉬운 일이 아니다. 아리스토텔레스의 『니코마코스 윤리학』도 예외가 아니다.

이런 이유에서 보통의 현대 독자가 조금 쉽게 접근할 수 있도록 지나치게 난해하고 관념적이거나 지금의 시대 상황과는 너무 맞지 않은 내용들은 상당 분량 덜어냈다. 이처럼 내용을 가려 번역하고 원전에는 전혀 없는 소제목들을 새로 달아준 편역서인 이 책을 통해서 『니코마코스 윤리학』이라는 높고 험한 서양 고전의 봉우리에 보다 쉽게 다가가는 독자가 한 명이라도 더 생긴다면, 이 책은 그 소임을 다한 것이 아닐까 한다.

차례

1장

'가장 좋음'인 행복에 대해 ─────────────◇

3장

도덕적인 덕에는 어떤 것들이 있는가 ────◇

4장

용기와 절제 외의 다른 도덕적인 덕들 ────◇

5장

덕 가운데 최고의 덕인 정의에 대해 ———————◇

6장

지적인 덕이란 무엇인가 ———————◇

7장

자제력이 있는 것과 자제력이 없는 것   ◇

9장

최고의 행복은 관조적 활동에 있다 ──────◇

Aristoteles

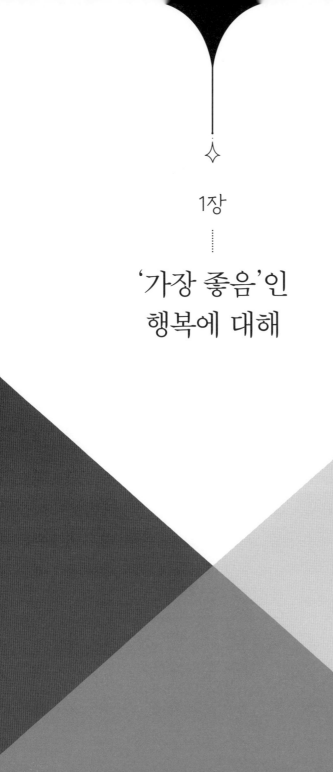

1장

'가장 좋음'인
행복에 대해

좋음이나 행복에 관한
여러 가지 관념들

'가장 좋음'이라는 명칭에 대해서는 거의 모든 사람이 동의할 듯싶다. 대중이든 학식을 갖춘 사람이든 하나같이 그것을 행복이라고 공공연히 말하고, '잘 사는 것'과 '잘 행하는 것'이 행복한 것과 다름없다고 주장하니까 말이다.

하지만 행복이 무엇인지에 관해서는 저마다 생각이 다르고, 대중은 지혜로운 사람과 똑같이 이야기하지는 않는다. 대중은 행복을 즐거움이나 재물이나 명성 같은 것처럼 손에 잡힐 듯 뚜렷하고 분명한 것으로 여긴다. 어떤 사람은 이게 행복이라고 주장하고, 다른 사람은 저게 행복이라고 주장한다. 때로는 같은 사람이라도 현재 처한 상황에 따라서 행복을 달리 생각한다. 병에 걸렸을 때는 건강이 행복이고, 가난할 때는 부가 행복이라고 여기듯 말이다.

하지만 이들은 자신의 무지를 알기에, 자신의 무지를 뛰어넘는 어떤 위대한 것을 이야기하는 사람에게 경탄하기도 한다. 반면에 지혜로운 사람 가운데에는 이런 몇 가지 좋음을 넘어서 그 자체로 좋음이 있고, 이런 좋음이야말로 다른 좋음을 좋음이게끔 하는 원인이라고 생각하는 사람도 있다.

좋음이나 행복에 관한 사람의 관념에 대해서는, 가장 통속적이라 할 대중의 삶에 비추어 판단해보면 이들은 좋음이나 행복을 즐거움으로 받아들이는 듯싶은데, 이런 생각에도 일리는 있다. 그런 까닭에 향락적인 삶을 자기네 삶에서 추구할 이상으로 받아들인다.

가장 두드러진 삶의 유형으로는 세 가지가 있다. 향락적인 삶과 정치적인 삶, 관조적인 삶이다.

사람은 대부분 거친 동물의 삶을 선택해 스스로가 노예나 다름없다는 사실을 유감없이 드러내 보이기도 하지만, 이런 선택에 이유가 아예 없지는 않다. 높은 지위에 있는 사람 가운데 많은 이들 역시 사르다나팔로스(Sardanapallos, 아시리아 제국 전성기 시절의 마지막 왕으로 쾌락주의자로서 호사스러운 삶을 살았다고 전하는데, 여기서 말하는 '쾌락주의자로서의 사르다나팔로스'에 대한 이야기는 완전히 전설이거나 아니면 다른 왕에서 유래했을 가능성이 큼-옮긴이) 같은 성향을 지녔으니까 말이다.

반면 교양을 갖추고 실천에 힘을 기울이는 사람은 명예를 선택한다. 왜냐하면 대개 이러한 명예가 정치적인 삶의 목적이라고 말할 수 있기 때문이다. 그렇지만 이런 명예는 우리가 추구하는 좋음이라기에는 너무 깊이가 없는 듯하다. 명예는 그것을 받는 사람보다는 주는 사람에게 더 좌우되는 것으로 여겨지지만, 우리는 '좋음이란 어떤 사람에 고유한 것이어서 그 사람에게서 떼어내기 힘들다'고 직감하기 때문이다.

게다가 이런 사람이 명예를 추구하는 이유는 자신이 뛰어난 사람이라는 확신을 얻기 위해서다. 적어도 이들은 자신의 덕에 따라 사리가 분명한 이들에게서, 또 자신을 아는 이들에게서 명예를 얻으려 한다. 따라서 이들의 관점에서 보면 어쨌든 명예보다 덕이 더 낫다는 점은 분명하다. 어쩌면 우리는 명예보다는 이런 덕을 정치적 삶의 목적이라고 생각할 수도 있다.

하지만 덕 또한 우리가 원하는 것이 되기에는 불완전해 보인다. 덕을 가지고 있어도 한평생 잠만 자거나 아무 활동도 하지 않을 수 있고, 나아가 가장 큰 재난이나 불행을 겪을 수도 있기 때문이다. 막무가내식으로 주장한다면야 모르겠지만, 이런 사람을 행복하다고 하지는 않을 것이다.

세 번째 삶의 유형은 관조적인 삶인데, 이에 관해서는 나중에 살펴보도록 하자.

돈을 버는 삶에 대해서 말하자면, 이 삶은 전혀 자연스럽지 않은 삶이고, 부라는 것은 다른 어떤 것을 얻는 수단으로 유익할 따름이기에 부가 우리가 찾는 좋음이 아님은 분명하다. 따라서 부보다는 차라리 즐거움이든 덕이든 이를 목적으로 생각하는 게 더 나을지도 모르겠다. 이것들은 그 자체로 선택되는 것들이니까 말이다.

하지만 이것들조차 목적이 아님은 분명하다. 그렇다는 점을 보여주려고 수많은 논변이 제기되어왔지만, 이 주제는 그만 접어두기로 하자.

최상의 좋음인 행복은
분명 최종적이다

행위나 기술이 서로 다르면 좋음 또한 다르게 나타난다. 의술에서 좋음이 다르고, 병법에서 좋음이 다르며, 다른 기술에서도 이와 마찬가지다. 그렇다면 이들 각각의 경우에 좋음이란 무엇일까? 그 좋음을 위해서 나머지 모든 것이 행해진다는 것은 분명하다. 의술에서 좋음은 건강이고, 병법에서 좋음은 승리이며, 건축술에서 좋음은 집이다.

그 밖의 다른 경우에는 각기 다른 좋음이지만, 좋음은 늘 우리가 무엇을 행하고 무엇을 선택하든 그 목적이다. 사람이 다른 모든 것을 행하는 것은 언제나 바로 이 목적을 이루기 위해서기 때문이다. 따라서 만약에 사람이 행하는 모든 일에 목적이 단 하나라면 그 목적은 행위로 실현될 수 있는 좋음일 것이고, 목적이 여럿이라면 이런 여러 행위로 실현될 수 있는 여러 좋음일 것이다.

목적은 여럿으로 보이지만, 가령 부나 피리나 온갖 도구처럼 그런 목적 가운데 일부는 오직 수단으로만 선택되는 탓에 목적이라고 해서 모두 최종적인 것이 아님은 분명하다. 하지만 최상의 좋음은 분명 최종적이다. 따라서 만약에 최종적인 목적이 단 하나만 존재한다면, 그것이 바로 우리가 찾고 있는 가장 좋음일 것이다. 아니면 최종적인 목적이 여럿이라면, 그중에서 가장 최종적인 것이 우리가 찾고 있는 가장 좋음일 것이다.

이제 우리는 그 자체로 추구할 만한 가치가 있는 것이 다른 것을 위해 추구할 만한 가치가 있는 것보다 더 최종적이고, 다른 것을 위한 것보다 그 자체로 그리고 동시에 그 다른 것을 위해 바라는 것이 더 최종적이라고 말하기에 '항상 그 자체로 바라지만, 다른 어떤 것을 위해 바라지 않는 것'을 아무 조건 없이 최종적이라고 부른다. 다른 무엇보다도 그렇게 최종적인 것이 행복이라 여겨진다. 우리는 행복을 항상 그 자체로 선택하지, 다른 어떤 것을 위해서 선택하지는 않기 때문이다.

그러나 한편으로 우리는 진실로 명예나 즐거움이나 지성이나 온갖 덕을 그 자체로 선택하기도 하지만(그 결과와 무관하게 그 각각을 선택할 것이기에), 다른 한편으로는 행복에 이르기 위해서, 즉 그런 것을 통해 우리가 행복해지리라 생각하면서 그것을 선택한다. 하지만 누구도 그것을 위해 행복을 선택하거나 아니면 그밖에 다른 모든 것을 이루려는 수단으로 행복을 선택하지 않는다.

우리가 자족(自足)이라는 관념에서 시작해도 똑같은 결론에 이르는 것 같다. 최종적인 좋음은 자족적인 것으로 생각된다. 우리가 말하는 자족성이란 어떤 사람이 혼자 힘으로 외따로이 살아가기에 충분하다는 뜻이 아니라, 인간은 본성상 사회적 존재이기 때문에 부모와 자녀와 아내를 비롯해 친구와 동료 시민 전체를 고려한다는 뜻이다. 그렇지만 여기에 어떤 제한을 두기는 해야 한다. 왜냐하면 이런 우리 요구를 조상과 후손과 친구의 친구까지 넓혀 나가다 보면, 무한한 연쇄에 빠지고 말 테니 말이다. 하지만 이 문제는 나중에 살펴보기로 하자. 일단 여기서는 자족성을, 그 자체로 삶을 탐나는 것으로 그리고 전혀 부족함이 없는 것으로 만들어주는 것이라고 정의하겠다.

또한 우리는 행복이 이런 설명에 대한 대답이라고 생각한다. 더 나아가 우리는 행복이 다른 여러 좋음 가운데 그저 하나가 아니라 지상에서 가장 탐나는 것이라고 여긴다. 만약 행복이

다른 좋음 가운데 그저 하나에 지나지 않지만 다른 좋음을 거기에 더할 수 있다면, 다른 좋음 가운데 가장 적은 것을 더하는 것만으로도 행복을 더 탐나게 만드는 것은 분명하다. 이렇게 더해지는 것은 좋음의 증가분이 되고, 두 개의 좋음 가운데 더 큰 것이 언제나 더 탐나는 것이기 때문이다. 따라서 행복은 최종적이고, 자족적이며, 인간이 행하는 모든 행위의 목적으로 보인다.

그러나 행복이 가장 좋다고 말하는 것에는 새로운 것이 없어 보이기에 행복이 무엇인지를 더욱 명확하게 설명할 필요가 있다. 먼저 인간에게 주어진 기능이 무엇인지를 알아낼 수 있다면 이에 대한 설명이 가능하다. 피리를 부는 사람이나 조각가나 어떤 기술을 실행하는 자이거나, 일반적으로 말해서 해야 할 기능이나 일이 있는 사람들의 좋음과 행복은 그 기능에 놓여 있는 것이기에 어떤 사람에게 기능이 있다면 그 사람의 좋음은 바로 그 기능에 놓여 있다.

그렇다면 목수나 제화공에게는 자기 나름의 기능과 일이 있는데, 인간에게는 타고난 본성상 자신에게 부여된 어떤 기능이나 일도 없는 것을 상상할 수 있을까? 자신의 다른 부분과 마찬가지로 눈이나 손발도 각기 나름의 기능이 있는 것이 분명하기에, 우리는 인간 또한 이 모든 것을 넘어서는 어떤 기능이 있다고 가정해야만 한다.

그럼 과연 기능이 무엇일까? 식물에게도 생명이 있어 보이지만 우리가 찾는 것은 인간에게 고유한 것이다. 따라서 그저 영양을 흡수하고 생장하기만 하는 삶은 제외해야 한다. 다음으로 감각과 관련된 삶이 있겠지만 이 또한 말이나 황소를 비롯한 온갖 동물도 이런 삶을 사는 것은 마찬가지로 보인다. 그렇다면 이제 남은 것은 이성을 요소로 하는 활동적 삶인데 이러한 삶 가운데 한 부분은 이성에 따라 행동하고 다른 한 부분은 이성을 가지고 생각한다. 이렇게 이성적 요소를 가진 삶에도 두 가지 의미가 있기에 이 중에서 우리가 찾는 건 이성에 따라 행동한다는 의미로 말하는 삶이며, 이는 이 말의 의미에 더 걸맞은 것이기 때문이다.

이제 인간에게 주어진 기능은 영혼의 활동이고, 이 활동은 이성을 따르거나 이성과 연관된 것이다. 그리고 어떤 직종에 종사하는 사람과 그 직종에서 일을 잘하는 사람은 기능이라는 측면에서 서로 같다. 가령 키타라(고대 그리스의 대표적인 악기로 기타의 어원임 – 옮긴이)를 연주하는 사람과 키타라를 훌륭하게 연주하는 사람의 경우가 그렇고, 이는 예외 없이 모든 경우에 성립한다. 다만 후자의 경우에는 그 탁월함이 그 기능의 명칭에 더해진 것일 뿐이다(키타라 연주자의 기능은 키타라를 연주하는 것이고, 키타라를 뛰어나게 연주하는 사람의 일도 키타라를 뛰어나게 연주하는 것이다). 따라서 인간의 기능이 자기 영혼의 능력을 발휘해 이성에 따라 온갖 행동을 수행하는 삶을 사는 것이라면, 훌륭한 인간의 기능은 그런 일을 훌륭히 해내는 것이다. 그리고 어떤 행동이 훌륭하게 행해지기 위해서 그에 걸맞은 덕에 따라야 하는 것이라면, 인간에게 좋음은 덕을 드러내 보이는 영혼의 활동이요, 그러한 덕이 여럿이라면 가장 훌륭하고 가장 완전한 덕에 따르는 영혼의 활동이라 하겠다.

하지만 우리는 이런 활동을 한평생 계속해야 한다. 제비 한 마리가 날아왔다고 해서 하루아침에 봄이 오지 않듯이, 사람도 하루아침에, 즉 아주 짧은 시간 만에 복되고 행복해지지는 않으니 말이다.

인간은 행복을
어떻게 얻게 되는 걸까

지금까지 좋음을 세 가지 부류로 구분했다. 한편에는 외적인 좋음이 있고, 다른 한편에는 영혼의 좋음과 신체의 좋음이 있다. 흔히들 영혼과 관련된 좋음을 가장 올바르고 참된 좋음이라 하고, 정신의 행위나 활동을 영혼과 관련된 것으로 구분한다. 따라서 좋음에 대한 우리의 설명은, 적어도 여러 지혜로운 사람도 동의했던 오랜 견해에 부합한다는 점에서 타당하다.

이러한 견해는 우리가 목적을 어떤 행위나 활동과 마찬가지로 여긴다는 점에서 옳다. 왜냐하면 목적은 영혼의 좋음에 해당하는 것이지 외적인 좋음에 해당하는 것이 아니기 때문이다. 또한 우리의 설명은 "행복한 사람은 잘 살고 잘 행한다"라는 세간의 말에도 잘 들어맞는다. 우리가 행복을 잘 살고 잘 행하는 것이라고 말할 수 있기 때문이다.

그리고 실제로 사람이 행복에서 찾으리라 기대하는 모든 특징은 우리가 정의한 행복에 포함된 것처럼 보인다. 어떤 이는 행복을 덕이라고 주장하고, 또 어떤 이는 실천적 지혜라고 주장하며, 또 다른 이는 철학적 지혜라고 주장한다. 또는 이 모든 것에, 아니면 그 일부에 하나의 요소이거나 필연적으로 수반되는 것으로서 즐거움이 더해졌을 때 이를 행복이라고 주장하는 사람도 있다. 심지어 행복을 설명하면서 외적인 것으로 부유함을 집어넣는 사람도 있다. 이런 견해들 중 어떤 것은 많은 사람이 지지하는 오래된 통념이고, 어떤 것은 소수이지만 훌륭한 이들이 지지하는 견해다. 어느 쪽도 완전히 틀리지는 않은 듯하고, 설령 대부분은 아니라고 해도 적어도 한 가지점에서만큼은 이런 견해 모두가 옳다.

따라서 우선 행복이 덕이거나 덕의 일종이라는 견해는, 덕에 따라 행동하는 일은 덕에 속하기 때문에 우리의 설명에 잘 들어맞는다. 하지만 내가 생각하기에 최고의 좋음을 그저 덕을 가지고 있는 것으로 볼지, 아니면 덕을 사용하는 것으로 볼지, 달리 말해 그저 습성이나 훈련된 능력으로 볼지, 아니면 그런 능력의 실행으로 볼지에 따라 적지 않게 차이가 난다고 할 수 있다. 잠들어 있는 사람이 그밖에 다른 방식으로 전혀 활동하지 않는 경우처럼, 성품은 어떤 좋은 결과를 낳지 않더라도 존재할 수 있지만 활동은 그럴 수 없다. 활동을 하는 사람은 필연에 따라 행하게 되고 잘 행할 것이기 때문이다. 올림피아 경기에서 월계관을 쓰는 사람은 가장 훌륭하고 가장 강한 사람이 아니라 경기에 참여한 사람이듯이(이들 가운데에서 승자가 나오기 때문에), 삶에서도 역시 행동하는 사람이 마땅히 고귀하고 좋은 것을 얻는다.

이들의 삶은 그 자체로 즐겁다. 즐거움은 영혼이 느끼는 정념이고, 각자는 자기가 사랑하는 것에서 즐거움을 느끼기 때문이다. 말을 사랑하는 이는 말에서, 구경을 좋아하는 이는 구경거리에서 즐거움을 느끼듯, 마찬가지로 정의를 사랑하는 이는 정의로운 행위에서, 그리고 일반적으로 덕을 사랑하는 이는 덕에 따른 행위를 즐긴다.

사람은 대부분 즐거움을 누리지만 이런 즐거움이 그 본성상 즐거운 것은 아닌 탓에 서로 충돌하지만, 고귀한 것을 사랑하는 사람은 그 본성이 즐거운 것에 기꺼워한다. 덕을 따르는 행위가 바로 그렇기에 고귀한 것을 사랑하는 사람에게도 즐겁고, 그 본성으로도 즐거운 것이다. 따라서 이런 사람의 삶에는 즐거움을 부속물처럼 덧붙일 일이 없을뿐더러 그 삶 자체가 즐겁다. 우리가 여태껏 말해온 것에 덧붙이자면, 고귀한 행위를 기꺼워하지 않는 사람은 좋은 사람이 아니다. 정의로운 행위를 기꺼워하지 않는 이를 정의롭다고 하거나 후덕한 행위를 기꺼워하지 않는 이를 후덕하다고 일컬을 사람은 아무도 없고, 이는 다른 모든 경우에도 마찬가지다. 만약 그렇다면 덕을 따르는 행위는 분명히 그 자체로 즐거운 것이다.

따라서 행복은 이 지상에서 가장 좋고 가장 고귀하고 가장 즐거운 것이고, 델로스 섬의 아폴론 신전에 새겨진 글귀처럼 이러한 좋음과 고귀함과 즐거움은 서로 분리할 수 없다. "가장 정의로운 것이 가장 고귀하다. 건강한 것이 가장 좋다. 하지만 가장 기꺼운 것은 네 마음에 담고 있는 것을 얻는 일이다." 이런 특징은 모두 가장 좋은 활동에 속해 있고, 이런 특징이나 이런 특징 중에서 가장 좋은 것 하나를 행복이라고 본다.

하지만 앞서 이야기한 것처럼, 분명히 행복에는 외적으로 좋은 것도 필요하다. 어떤 수단이 적절히 갖추어져 있지 않다면 고귀한 행위를 하기란 불가능하거나 쉽지 않을 테니 말이다. 수많은 행위를 하면서 우리는 친구나 부나 정치권력을 수단으로 이용한다. 그리고 좋은 태생이나 뛰어난 자신이나 아름다운 외모처럼, 없으면 행복을 빛바래게 하는 것들이 있다. 외모가 너무 못났거나 태생이 비천하거나 혼자여서 자식이 없는 사람은 행복할 가능성이 아주 적고, 대단히 나쁜 자식이나 친구를 두었거나 좋은 자식이나 친구가 있었지만 죽음으로 이들을 잃은 사람이 행복할 가능성은 더더욱 적다. 그러므로 앞서 이야기했듯, 행복에는 이런 종류의 번성함이 추가로 필요한 듯하다. 이런 이유로 행복을 행운이라 여기는 사람도 있고, 덕을 행복이라 여기는 사람도 있다.

이런 이유에서 행복을 배우거나 습관을 들이거나 아니면 그밖의 다른 훈련을 받아서 얻어지는 것인지, 그게 아니라면 신들이 베풀어줘서인지, 심지어 우연히 얻어지는 것인지 하는 의문이 생긴다. 신들이 인간에게 준 어떤 선물이 있다면 행복을 신들이 준 것이고, 그러한 행복이 가장 좋은 것인 한에서 인간이 가진 모든 것 중에서 신들이 준 것이 확실하다는 생각은 사리에 맞는 일이다. 이 문제는 다른 분야의 탐구에서 다루는 게 더 적절하겠다. 하지만 설령 행복이 신들에게 받은 것이 아니라 덕을 행한 결과로, 그리고 어떤 배움이나 훈련을 통해 얻어지는 것이라고 해도 이런 행복은 가장 신적인 것 가운데 하나인 듯하다. 왜냐하면 덕으로 얻는 보상과 덕이 추구하는 목적은 이 지상에서 가장 좋은 것이요, 신적이고 복된 것으로 여겨 지니 말이다.

또한 덕이라는 것이 얻어지는 것이라면 많은 사람이 이러한 덕에 다가갈 수 있다. 덕을 행할 능력을 완전히 잃은 사람을 빼면, 누구든 모종의 배움과 노력을 통해 덕을 얻을 수 있기 때문이다. 그리고 이런 식으로 행복에 이르는 것이 우연히 행복에 이르는 것보다 더 낫다고 한다면, 실제로도 그렇다고 보는 게 합당하다. 본성에 따른 행위에 기대어 이루어지는 모든 것은 그 본성상 가장 좋으며, 기술이나 어떤 이성적 원인에 기대어 이루어지는 모든 것 또한 마찬가지이다. 특히나 모든 원인 가운데 최고의 원인에 기대어 이루어지는 것이라면 말할 나위도 없다. 가장 훌륭하고 가장 고귀한 것을 운이 베푼 것으로 돌리는 것은 너무도 터무니없다.

죽은 뒤에야
행복할 수 있는 것인가

우리는 그 누구라도 살아 있는 동안은 행복하다고 말해서는 안 되고, 행복을 말하려면 그의 인생이 끝을 볼 때까지 기다려야 할까? 이런 주장을 받아들여야 한다고 해보자. 만약 그렇다면, 사람은 죽은 뒤에야 행복하다는 뜻일까? 아니면 특히 행복을 활동이라고 말하는 우리에게는 너무도 터무니없는 소리라고 해야 하지 않을까?

인생이 끝나고 나서야 그 사람이 행복했었다고, 그것도 지금이 아니라 과거에 그랬다고 말한다면, 이는 분명 합당치 않다. 살아 있는 사람은 쉽게 바뀔 수 있어서 우리가 그에게 행복이라는 말을 쓰기를 꺼리는 데다가 행복은 영속하는 것이니 쉽사리 변하지 않지만, 같은 사람이라고 해도 그 사람의 운명은 수

많은 우여곡절을 겪는다고 생각하기에 그 사람이 행복한데도 행복하다고 말하기를 꺼린다면 이는 이상한 노릇일 따름이다.

만약 운명의 우여곡절을 따른다면 우리는 같은 사람을 놓고도 어떨 때는 행복하다고, 또 어떨 때는 불행하다고 말하게 될 테니, 이 때문에 행복한 사람은 카멜레온이 되고 단단한 기반이 없는 사람이 되고 만다. 이렇듯 운명에 따라 행복하다거나 불행하다고 말하는 것은 큰 잘못이 아닐까? 우리가 겪는 성공과 실패가 그런 운명에 놓여 있지 않으니 말이다. 앞서 말했듯 사람이 인생을 완성하는 데는 행운도 필요하겠지만 덕에 따른 활동인지 아닌지에 따라 행복과 불행이 결정된다.

우리가 지금껏 논의해왔던 문제는 행복에 대한 우리의 정의를 확인해준다. 인간의 기능 가운데 그 어떤 것도 덕에 따른 활동만큼 영속적이지 않고, 심지어 이러한 활동은 학문적 지식보다 더 지속적인 것으로 보인다. 그리고 이런 활동 가운데 가장 가치 있는 활동이 더 지속적이다. 유복한 사람은 그런 활동을 기꺼이 그리고 지속해서 이어 나가는 삶을 살아가기 때문이다. 그리고 우리가 덕에 따른 활동을 잊지 않는 이유 또한 여기에 있는 듯하다. 따라서 우리가 정의한 바 행복한 사람은 이런 영속성을 지닐 테고, 한평생 행복할 것이다. 그 사람은 언제나 다른 어떤 것보다 우선해서 덕에 따른 일을 행하거나 숙고할 테고, '진정으로 좋은' 사람이면서 '나무랄 데 없이 반듯한' 사람이라면 삶의 우여곡절을 가장 고귀하고 전적으로 품위 있는 방식으로 견뎌낼 테니 말이다.

살아가면서 크든 작든 수많은 일이 우연히 일어난다. 행운이나 불운의 작은 조각이 삶이라는 저울을 이쪽 혹은 저쪽으로 기울게 하지는 못하지만 알고 보니 좋은 일이었던, 그런 일이 많으면 삶은 더 행복해진다. 그런 일은 그 자체로 삶에 고귀함을 더할뿐더러 그런 일을 고귀하고 훌륭하게 다룰 수 있기 때문이다. 하지만 그런 큰일이 나쁜 것이라면 고통을 가져오고 여러 활동을 방해하는 탓에 행복을 약하게 만들어 망치고 만다. 하지만 그럼에도 고통에 무감각해져서가 아니라 영혼의 고귀함과 위대함을 통해 온갖 큰 불행을 묵묵히 견뎌내며, 바로 여기에서 고귀함이 빛을 발한다.

앞서 말했듯 만약 어떤 사람이 하는 활동이 그의 삶이 어떻게 흘러갈지 그 성격을 결정한다면, 행복한 사람은 결코 불행해질 수 없다. 그런 사람이라면 절대로 혐오스럽고 수치스러운 행동은 하지 않을 테니 말이다. 진정 훌륭하고 현명한 사람이라면 운명이 어떤 일을 빚어내든 품위를 잃지 않고 항상 자기에게 주어진 상황을 최대한 이용할 것이다. 마치 훌륭한 장군이 자신의 휘하에 있는 군대를 군사적으로 가장 훌륭하게 이용하고, 훌륭한 제화공이 자기에게 맡겨진 가죽으로 가장 좋은 신발을 만들고, 다른 모든 장인이 그렇게 하듯이 말이다.

또한 행복한 사람은 흔들리거나 쉽사리 바뀌지도 않는다. 그는 일상적인 불운을 겪는다고 해서 행복에서 쉽게 멀어지지도 않거니와 큰 불행을 여러 차례 겪어야 행복에서 멀어질 테니 말이다. 만약 그렇게 큰 불운을 여러 번 겪었다면 짧은 시간 내에 자기 행복을 되찾지 못할 테고, 되찾을 수 있더라도 오직 기나긴 세월을 거쳐야만 훌륭하고 고귀한 것을 이룰 수 있다.

그러므로 우연한 시기가 아니라 한평생에 걸쳐 완전한 덕을 좇아 행동할 뿐만 아니라 외적인 좋음도 충분히 갖추고 있는 사람을 행복하다고 말하지 못할 이유가 어디 있을까? 아니면 거기에다가 '그렇게 계속 살아가다가 살아온 대로 그렇게 죽게 될' 사람이라고 덧붙여야 할까?

미래가 우리에게 가려져 있음은 분명하다. 하지만 우리가 추구하는 행복은 목적이고, 어떤 면에서나 최종적이다. 만약 그렇다면, 우리는 살아있는 사람으로서 이러한 조건을 채웠거나 앞으로 채우게 될 사람을 행복한 사람이라고 부를 것이다.

행복은 칭송받고
완전한 것들 중에 속한다

우리가 칭송하는 것은 모두 그것이 어떤 성질이거나 다른 무언가와 어떤 관계를 맺고 있다는 이유로 칭송받는다. 예컨대 우리는 정의롭거나 용감한 사람이나, 일반적으로는 훌륭한 사람과 덕 그 자체를 모두 칭송하는 까닭은 이들이 행하는 일이나 만들어낸 결과 때문이다. 우리가 힘이 센 사람이나 발이 빠른 사람 등을 칭송하는 이유는 그 사람에게 어떤 재능이나 능력이 있고, 그것이 훌륭하고 감탄할 만한 무엇인가와 관련이 있기 때문이다.

이는 신들에게 바치는 칭송에서도 분명하다. 신들을 인간의 기준으로 평가하는 건 말도 안 될 노릇이지만, 이런 일이 일어나는 이유는 우리가 앞서 말했듯이 어떤 대상은 다른 어떤 것과의 관계 속에서만 칭송될 수 있기 때문이다.

우리가 언급한 그런 대상을 칭송한다면, 가장 좋은 것에 마땅히 돌아갈 것은 칭송이 아니라 그보다 더 훌륭하고 좋은 것임이 분명하고 실제로도 그렇다. 우리는 신들을 복되고 행복하다고 하며, '복되다'는 이 말은 신에 가장 가까운 사람에게 붙이는 말이기 때문이다.

좋은 것에 관해서도 마찬가지다. 아무도 정의를 칭송하듯 행복을 칭송하지는 않겠지만, 행복은 더 신적이고 더 좋은 것이라는 의미에서 복되다고 한다.

에우독소스(고대 그리스의 수학자이자 천문학자로서 플라톤의 제자-옮긴이)는 즐거움이 최고라고 주장했는데 이는 옳았던 것 같다. 그는 비록 즐거움이 좋은 것이긴 해도 칭송받지 않는다는 사실은 그런 즐거움이 우리가 칭송하는 여러 좋음보다 더 상위의 것임을 보여준다고 주장했다. 마치 신들이나 좋음이 더 상위의 것인 것처럼 말이다. 이런 신들이나 좋음은 우리가 다른 모든 것을 견주어 판단하는 기준이다. 칭송은 덕에 적합하고, 이는 덕의 결과로 사람이 고귀한 행동을 쉽게 할 수 있도록 만들기 때문이다.

반면에 찬사는 몸이나 영혼이 행한 일에 주어진다. 우리가 지금까지 해왔던 이야기에 비추어 볼 때, 우리에게 분명한 사실은 행복이 칭송받고 완전한 것들 중에 속한다는 것이다. 또한 행복이 첫 번째 원리라는 사실에 비추어 볼 때도 그렇다. 우리가 모두 다른 모든 것을 행하는 것은 행복을 위해서이고, 좋음의 첫 번째 원리이자 원인은 신성하고 칭송받을 만한 것이기 때문이다.

덕의 두 가지 종류:
도덕적인 덕과 지적인 덕

　우리가 살펴볼 덕은 물론 인간의 덕이다. 우리가 찾고 있던 좋음도 인간의 좋음이고, 우리가 찾고 있던 행복도 인간의 행복이기 때문이다. 그리고 내가 말하는 인간의 덕은 신체의 덕이 아니라 영혼의 덕이다.

　영혼에는 이성적이지 않아도 어떤 의미로는 이성에 참여하는 또 다른 요소가 있는 것 같다. 우리는 자제력이 있든 없든 그 사람의 이성을, 그리고 그 사람의 영혼에서 이성을 지닌 부분을 칭송한다. 그 부분이 가장 좋은 목표를 향해 제대로 나아가게끔 우리를 몰아치기 때문이다. 하지만 이들에게는 이성 말고도 이성에 맞서 싸우고 저항하는 또 다른 요소가 있음도 분명하다. 사지가 마비되어 오른쪽으로 움직이려고 하면 정반대

쪽인 왼쪽으로 움직이듯이, 영혼도 마찬가지다.

자제력이 없는 사람의 충동은 자신의 이성과는 정반대로 움직인다. 신체의 경우라면 그렇게 말을 듣지 않는 부분이 보이지만 영혼에서는 그런 부분이 보이지 않는다. 그러나 내 생각에는 영혼 속에도 이성 말고 이성에 반대하고 이성을 거스르는 무언가가 있음은 틀림이 없다. 이것이 다른 요소와 어떤 의미에서 구분되는 것인지는 여기서 중요치 않다. 하지만 앞서 말했듯이 이 부분도 이성에 참여하는 듯 보인다. 어쨌거나 자제력 있는 사람에게 이 부분은 이성의 말에 따른다. 짐작건대 절제와 용기를 갖춘 사람에게서 이 부분은 더욱더 이성의 말을 잘 따르는데, 이는 그 사람에게서 이 부분이 매사에 이성과 같은 목소리를 내기 때문이다.

따라서 이성적이지 않은 요소는 두 부분인 듯하다. 식물적인 요소는 이성에 전혀 참여하지 않지만, 욕구나 일반적인 욕망이라는 요소는 그것이 이성에 귀 기울이고 이성의 말에 따르는 한에서는 어느 정도 이성에 참여한다. 우리가 이성에 참여한다거나 이성에 귀를 기울인다고 말할 때, 이 말은 아버지나 친구의 이성적인 말을 감안해서 듣는다고 할 때의 의미이지 수학적인 추론에 귀를 기울인다고 할 때의 의미가 아니다. 더욱이 이성적이지 못한 부분이 어느 정도는 이성에 고분고분 따른다는 점은 사람이 갖은 충고나 책망을 늘어놓거나 훈계하는 것을 보더라도 알 법한 사실이다.

이성적이지 못한 이 부분도 이성에 참여한다고 말하고 싶다면, 이성적인 부분도 둘로 나뉘게 될 것이다. 하나는 그 자체에 이성을 지닌다는 엄격한 의미에서 이성적이요, 다른 하나는 아버지에게 복종하듯 이성에 복종한다는 의미에서 이성적이다.

덕 역시 능력의 이러한 구분에 따라 여러 종류로 구분된다. 우리는 어떤 것은 지적인 덕이고 어떤 것은 도덕적 덕이라고 말하는데, 철학적 지혜나 명석함이나 실천적 지혜는 지적인 덕이요, 후덕함과 절제는 도덕적인 덕이다. 한 사람의 성품을 말하면서 우리는 그 사람이 지혜롭다거나 명석하다고 말하지 않고, 온화하다거나 절제력이 강하다고 말한다. 하지만 우리는 지혜로운 사람도 그가 지닌 정신의 상태와 관련해서 칭송하며, 우리는 칭송을 받을 만한 그런 정신의 상태를 덕이라 부른다.

2장

도덕적인 덕이란
무엇인가

도덕적인 덕은
습관의 결과물이다

  덕에는 지적인 덕과 도덕적인 덕, 두 종류가 있다. 지적인 덕은 주로 가르침을 통해 태어나고 성장하기에 시간과 경험이 필요하지만, 도덕적인 덕은 습관의 결과물로서 도덕이나 성품을 뜻하는 '에토스($\eta\theta o\varsigma$)'를 살짝 변형해서 만든 말이다.

  이로부터 도덕적인 덕 가운데 그 어떠한 것도 그 본성상 우리 안에서 생겨나지 않는다는 점은 분명하다. 왜냐하면 본성으로 존재하는 것을 그 본성에 거슬러 습관을 들일 수는 없기 때문이다. 가령 돌은 그 본성상 아래로 움직이게 마련이므로 설령 만 번을 위로 던져 훈련하려고 애써본들 위로 움직이도록 습관을 들일 수 없다. 마찬가지로 불은 아래로 움직이도록 습관을 들일 수도 없을뿐더러 본성상 한 방향으로 움직이게 마련인 것을 반대 방향으로 움직이도록 길들일 수도 없다.

따라서 도덕적인 덕은 우리 안에서 그 본성에 따라 생기지도 않고, 그 본성에 거슬러 생기지도 않는다. 오히려 우리는 본성상 그런 도덕적인 덕을 받아들일 능력을 갖추고 있으므로 습관을 통해 그런 능력을 완성해야 한다.

또한 우리에게 본성적으로 주어지는 모든 것 중에서 먼저 능력을 얻고, 그러고 난 다음에야 활동이 나타난다. 이는 감각의 경우를 살펴보면 분명하다. 우리가 자주 보거나, 자주 듣거나 한 결과로 그러한 감각을 갖게 된 것이 아니라 반대로 사용하기 전에 이미 그러한 감각이 우리에게 있었고, 감각을 사용하면서 갖게 된 것은 아니기 때문이다.

하지만 덕은 우리가 그러한 덕을 먼저 실행해보고 나서야 얻게 된다. 기술도 덕과 마찬가지다. 어떤 일을 할 수 있으려면 그 전에 그 일을 연습해야 하고, 그 일을 직접 실행하면서 배운다. 예컨대 집을 직접 지어본 사람이 건축가가 되고, 키타라를 직접 연주해본 사람이 키타라 연주자가 된다. 이렇듯 우리는 정의로운 행위를 하면서 정의로워지고, 절제력 있는 행위를 하면서 절제력을 발휘하며, 용기 있는 행위를 하면서 용감해진다.

또한 똑같은 원인과 똑같은 수단이 각각의 덕을 만들기도 하고, 망치기도 한다. 각각의 기술도 다르지 않다. 키타라 연주자의 솜씨가 뛰어나든 형편없든 이는 모두 키타라 연주에서 비롯되는 것이다. 이 말은 건축가를 비롯한 나머지 기술자 모두에게 해당한다. 집을 잘 지으면 뛰어난 건축가요, 잘 짓지 못하면 형편없는 건축가가 된다. 만약 그렇지 않다면 모든 사람은 타고나길 뛰어난 기술자이거나 형편없는 기술자일 테니 가르치는 사람은 전혀 필요치 않을 것이다.

이는 덕도 매한가지다. 우리가 다른 사람과 사귀면서 어떤 행위를 했는가에 따라서 정의로운 사람이나 불의한 사람이 되고, 위험을 눈앞에 두고서 어떤 행위를 했는가에 따라서, 그리고 습관적으로 두려움을 느끼는지 아니면 대담한지에 따라서 용감한 사람도 되고 비겁한 사람도 된다.

이는 욕구나 분노의 정념에도 똑같이 적용된다. 사람은 자기가 놓인 여건에 따라 이렇게 행동하고 혹은 저렇게 행동하기에 어떤 이는 절제력을 보이고 매사에 온화한 사람이 되기도 하지만, 다른 이는 절제하지 못하고 걸핏하면 화를 내는 사람이 되기도 한다.

한마디로 어떤 성품을 가졌는지는 그런 성품을 닮은 행위에서 비롯된다는 것이다. 그러므로 우리가 하는 행위가 어떤 종류의 것인지를 확실히 해야 한다. 그러한 행위가 달라지는 만큼 거기에서 비롯된 성품 또한 달라질 테니 말이다. 따라서 아주 어릴 적부터 어떤 습관을 들이는지에 따라 적지 않게 차이가 생기는데 그것은 아주 큰 차이, 아니 전부라 해도 좋을 차이를 낳는다.

절제와 용기는
'중용'으로 지켜진다

먼저 체력과 건강의 경우에서 볼 수 있듯이 그 본성상 부족하거나 과도하면 훼손될 수 있다는 사실을 유념해두자(감각이 불가능한 것을 예시하려면, 감각이 가능한 것을 증거로 활용할 수밖에 없다). 운동이 부족하거나 과하면 체력이 부치고, 음식을 부족하거나 과하게 먹으면 건강을 해치지만, 알맞게 먹으면 건강을 얻고 건강이 증진되며 체력이 유지된다.

절제나 용기를 비롯한 그 밖의 다른 덕도 마찬가지다. 모든 일에 몸을 사리고 두려워하며 맞서 지켜내지 못하는 사람은 겁쟁이가 되지만, 아무것도 겁내지 않고 위험이란 위험은 모두 찾아 나서는 사람은 무모한 사람이 된다. 이와 마찬가지로 온갖 즐거움에 빠져들어 즐거움이라면 그 무엇이라도 삼가지 않는 사람은 방탕한 사람이 되지만, 촌뜨기가 그렇듯 어떤 즐거움이든지 몸을 사리는 사람은 어느 정도는 무감각한 사람이 된다. 따라서 절제와 용기는 '부족함과 과함'으로 손상되고, '중용'으로 지켜진다.

덕이 생겨나고 자라는 근원이나 원인은 그러한 덕이 손상되는 근원이나 원인과 같을뿐더러, 그러한 덕이 구현되는 영역 또한 같다. 이는 조금 더 분명하게 감지할 수 있는 것, 가령 체력 같은 것에서도 마찬가지다. 체력은 음식을 잘 먹고 운동을 열심히 하면 생기는데, 그런 일을 가장 잘할 수 있는 사람이 체력이 좋은 사람이다. 덕도 마찬가지다. 우리는 즐거움을 스스로 절제함으로써 절제력 있는 사람이 되고, 절제력 있는 사람이 되고서야 그런 즐거움을 제대로 절제할 수 있다. 용기도 다르지 않다. 우리는 두려운 것을 하찮게 여기며 그러한 두려운 것에 과감히 맞서는 습관을 들임으로써 용감해지고, 그렇게 용기 있는 사람이 되고서야 두려운 것에 가장 잘 맞설 수가 있다.

도덕적인 덕은
즐거움이나 고통과 관련이 있다

우리는 행위를 한 후 함께 따라오는 즐거움이나 고통을, 성품이 어떤 상태인지를 보여주는 증표로 받아들여야 한다. 신체가 느끼는 즐거움을 멀리하지만, 바로 그렇게 신체가 느끼는 즐거움을 멀리한다는 사실을 기꺼워한다면 그는 절제력 있는 사람이다. 하지만 그렇게 하는 것을 보고 짜증을 낸다면 방종한 사람이다. 또한 두려운 것에 맞서면서 그렇게 맞서는 일을 기꺼워하거나 적어도 그런 일을 하면서 고통스러워하지 않는다면 그는 용기 있는 사람이고, 그런 일에 고통스러워한다면 비겁한 사람이다.

이렇듯 도덕적인 덕은 즐거움뿐만 아니라 고통과도 관련이 있다. 우리가 나쁜 일을 하는 이유는 즐겁기 때문이고, 고귀한 일을 멀리하는 이유는 고통스럽기 때문이다. 그렇기에 플라톤 (고대 그리스의 철학자로 소크라테스의 제자 – 옮긴이)이 말하듯, 우리는 아주 어릴 적부터 특별한 방식으로 양육되어야 하며, 그래야만 사람으로서 마땅히 해야 할 일을 하면서 기꺼워하고, 그런 일을 하면서 고통을 견뎌낼 수 있다. 이것이 올바른 교육이다.

덕이 행위와 정념과 관련이 있고 모든 행위와 정념에는 즐거움이나 고통이 뒤따른다면, 바로 이런 이유로 덕은 즐거움이나 고통과 관련될 것이다. 벌을 통해 잘못된 것을 바로잡을 때 이러한 즐거움과 고통을 사용한다는 사실로도 이를 입증한다. 벌에는 일종의 치료와 같은 속성이 있고, 치료는 그 본성상 병과 정반대되는 것을 처방함으로써 이루어지기 때문이다.

앞서 말했듯, 모든 유형의 성품은 그 본성상 그러한 성품을 더 좋게 만들거나 더 나쁘게 만드는 것과 관련이 있다. 또한 그것에 관심을 두지만 나쁜 성품이 만들어지는 것은 바로 즐거움과 고통을 통해서이다. 다시 말해 추구하지 말아야 할 그릇된 즐거움을 추구하고 피하지 말아야 할 고통을 피한다거나, 그렇게 하지 말아야 할 때 그렇게 한다거나, 잘못된 방식으로 또는 비슷하지만 서로 구별될 수 있는 다른 방식 중 한 가지 방식으로 잘못을 범함으로써 나쁜 사람이 된다.

사람에 따라서는 덕을 모든 감각에서 벗어난 무심한 상태나 정념에 흔들리지 않는 평정 상태로 정의하기도 하지만, 이는 제대로 된 정의가 아니다. 이들은 어떤 방식으로 마땅히 그렇게 하거나 하지 않아야 하는지, 언제 마땅히 그렇게 하거나 하지 않아야 하는지, 그리고 덧붙일 수 있는 그 밖의 것에 대해서는 말하지 않으면서도 덕이 무심하거나 평정 상태라는 자신의 정의가 절대적이라고 말하기 때문이다. 따라서 우리는 이런 종류의 도덕적인 덕은 즐거움이나 고통과 관련해 가장 좋은 행동을 하게 만들지만, 악덕은 그 반대되는 행동을 하게 만드는 것이라고 가정한다.

또한 다음의 사실도 덕과 악덕이 똑같이 즐거움이나 고통과 관련이 있음을 우리에게 보여준다. 대개 사람이 택하는 것 세 가지와 피하는 것 세 가지가 있다. 사람은 고귀한 것, 유익한 것, 즐거운 것을 택하고, 반대로 불명예스러운 것, 해로운 것, 고통스러운 것은 피한다. 이 모두와 관련해서 좋은 사람은 바르게 행동하고, 나쁜 사람은 잘못을 저지른다. 특히 즐거움에 대해서 그렇다. 즐거움은 모든 동물에 공통되는 것일뿐더러 사람이 추구하거나 택하는 모든 것에 뒤따르기 때문이다. 심지어 고귀한 것과 유익한 것마저도 즐거운 것으로 여겨진다.

즐거움은 우리가 아주 어렸을 때부터 함께 자라왔다. 즐거움이 이렇게 우리 삶에 깊이 뿌리내리고 있는 까닭에 즐거움이라는 정념을 완전히 지워내기가 힘든 것이다. 더하고 덜하고의 차이는 있을지 모르겠지만, 우리는 즐거움과 고통이라는 원리에 비추어 우리 행위를 평가한다. 이런 이유로 우리는 모든 탐구에서 반드시 이 문제를 다루어야 한다. 즐거움이나 고통을 올바르게 혹은 그릇되게 느끼는지에 따라 우리 행위에 적지 않게 영향을 미치니 말이다.

헤라클레이토스(고대 그리스의 이른바 '소크라테스 이전 철학자'로 만물의 근원을 불이라 주장함 – 옮긴이)의 말을 빌자면, 분노보다 즐거움에 맞서 싸우기가 더 어렵다. 기술이든 덕이든 모두가 더 어려운 것과 관련이 있다. 심지어 좋음은 더 어려울 때가 더 좋다. 이런 이유에서 덕이든 정치학이든 모두 즐거움과 고통에 전력을 다해 관심을 기울인다. 즐거움과 고통을 제대로 사용하는 사람은 좋은 사람이 될 것이고, 제대로 사용하지 못하는 사람은 나쁜 사람이 될 테니 말이다. 따라서 덕은 즐거움 및 고통과 관련이 있고, 덕을 낳는 행위로 덕을 드높일 수도 있지만, 그릇되게 행하면 덕을 해치기도 한다. 덕을 낳는 행위가 곧 덕 자체를 실현하는 행위라는 점은 이제 충분히 논의되었다.

덕은 정념이나 능력이 아닌 성품이다

다음으로 덕이란 무엇인지 살펴봐야 한다. 영혼에서 찾을 수 있는 것에는 정념과 능력 그리고 성품, 이렇게 세 가지가 있기에 덕은 이들 가운데 하나여야 한다.

정념은 욕구, 분노, 두려움, 자신감, 시기, 기쁨, 사랑, 증오, 갈망, 경쟁심, 연민을 비롯해 보통 즐거움과 고통을 수반하는 감정을 말한다. 능력은 우리가 이런 정념을 느낄 수 있도록 하는 것을 뜻하는데, 능력 때문에 우리는 분노하거나 고통스러워하고 연민을 느낄 수 있다.

성품은 정념에 대해서 제대로 혹은 잘못 대처하게 만드는 것을 뜻한다. 예컨대 성품은 분노를 격렬하게 느끼거나 너무 미흡하게 느끼도록 만들어 그러한 분노에 제대로 대처하지 못하도록 만들거나 중용의 방식으로 느끼게 만들어 분노에 제대로 대처하게 만든다. 그리고 이는 다른 정념에 대해서도 마찬가지다.

덕이나 악덕이나 모두 정념이 아니다. 우리는 자신의 정념이 아니라 덕과 악덕에 비추어 좋은 혹은 나쁜 사람이라 불리는데, 자신의 정념이 아니라 덕과 악덕에 비추어 칭송이나 비난을 받기 때문이다(두려워하거나 분노한다고 해서 칭송을 받을 일도 아니고, 그저 분노했다고 해서 비난을 받을 일도 아니다. 그 사람이 특정한 방식으로 분노했을 때만 비난을 받는다). 물론 신중히 선택하지 않고서도 분노하거나 두려워할 수 있지만, 덕은 일종의 신중한 선택이고 적어도 그러한 선택이 없다면 불가능하다. 또한 정념에 대해서는 우리가 정념에 따라 움직인다고들 하지만 덕이나 악덕에 대해서는 덕이나 악덕에 따라 움직인다고들 하지 않고 이러저러한 경향이나 상태에 있다고들 한다.

이와 똑같은 이유로 덕이나 악덕이나 모두 능력도 아니다. 우리에게 그저 정념을 느낄 수 있는 능력이 있다고 해서 좋은 사람이나 나쁜 사람으로 불리지 않을뿐더러, 그런 능력이 있다고 해서 칭송을 받거나 비난을 받지도 않기 때문이다. 또한 우리의 본성상 능력이 있다고 해서 좋은 사람이 되지도 않고, 나쁜 사람이 되지도 않는다. 이에 대해서는 앞에서 이미 언급한 바 있다.

따라서 덕이 정념도 아니고, 능력도 아니라면 남은 것은 오직 성품뿐이다. 이상으로 우리는 덕이 영혼과 관련해 어디에 속하는지 알아봤다.

중도를 겨냥한다는 점에서
덕은 일종의 중용이다

여기서 내가 말하는 덕은 도덕적인 덕이다. 도덕적인 덕은 정념이나 행위와 관련이 있고, 이러한 정념과 행위에는 과함과 부족함과 중간이 있다. 예컨대 두려움이나 자신감, 욕구, 분노, 연민, 일반적인 즐거움이나 고통이 너무 과하거나 부족하다고 느낄 수 있는데, 어느 경우든 좋지 않다.

하지만 마땅한 때에, 마땅한 대상에 대해서, 마땅한 사람을 향해서, 마땅한 동기와 올바른 방식으로 그런 정념을 느끼는 것은 중도이자 가장 좋음이며, 이것이 바로 덕의 특징이다. 마찬가지로 행위에 대해서도 과함과 부족함과 중도가 있다. 이렇듯 덕은 정념과 행위와 관련이 있고, 그러한 정념과 행위에서 과함은 잘못된 것이다. 물론 부족함 역시 비난을 받지만, 중도는 제대로 한 것으로 칭송을 받는다. 이 두 가지는 모두 덕의 특징이다. 그러므로 중도를 겨냥한다는 점에서 덕은 일종의 중용이다.

또한 우리가 잘못을 저지르는 방식은 무수히 많지만(피타고라스학파의 비유를 들자면, 나쁜 것은 그 본성상 무한하지만 좋은 것은 유한하기에), 우리가 제대로 잘하는 방식은 오직 한 가지뿐이다. 하나는 쉽고, 다른 하나는 어렵다. 과녁에서 빗나가기는 쉽지만 과녁에 명중시키기는 어려운 것처럼 말이다. 이런 이유로 과함과 부족함은 악덕의 특징이요, 중용은 덕의 특징이다. "좋은 사람은 오직 한 가지 방식으로만 좋지만, 나쁜 사람은 여러 방식으로 나쁘다."

따라서 덕은 선택과 관련된 성품으로 중용, 즉 우리와 관련된 중용에 놓여 있고, 이러한 중용은 실천적 지혜를 지닌 사람이 결정을 내리듯 이성에 의해서 결정된다. 여기서 중용은 과함에 따른 악덕과 부족함에 따른 악덕이라는 두 악덕 사이의 중용이다. 또한 이 두 악덕은 각각 정념과 행위 모두에서 적정한 것에서 모자라거나 넘치지만, 덕은 중도를 찾아내서 선택하기 때문에 중용이다. 그러므로 그 본질에 대해서 혹은 그 본성의 정의에 따라서 덕은 중용이지만, 무엇이 가장 좋음이고 무엇이 옳은지의 관점에서 보면 덕은 극단이다.

하지만 모든 행위와 모든 정념에서 중용이 허용되지는 않는다. 어떤 행위나 정념은 그 명칭을 보면 이미 나쁜 것임을 넌지시 내비친다. 예컨대 악의나 파렴치나 시기 같은 정념과 간통이나 도둑질이나 살인 같은 행위가 그렇다. 이러한 정념이나 행위 모두, 그리고 이와 비슷한 정념이나 행위는 그것이 과하거나 부족해서가 아니라 그 자체로 나쁜 것이다. 따라서 이러한 정념이나 행위와 관련해서 잘한다는 것은 애당초 불가능하고, 하기만 하면 늘 잘못이다. 이를테면 간통을 범하는 일에서 옳고 그름은 그런 간통이 적절한 사람과 적절한 때에 적절한 방법으로 이루어졌는지에 좌우되지 않는다. 그저 그런 간통을 범했다는 것 자체가 잘못이다.

불의하거나 비겁하거나 방종한 행동에도 중용과 과함과 부족함이 있으리라고 기대하는 것도 터무니없기는 매한가지다. 만약 그런 식이라면 과함과 부족함에도 중용이 있고, 과함에는 또다시 과함이 있으며, 부족함에는 또다시 부족함이 있게 될 것이다. 하지만 중용이라는 것이 어떤 의미에서는 극단이기에 절제와 용기에 과함이나 부족함이 없듯이, 그러한 종류의 행위에도 중용이나 과함이나 부족함이 없고 어떻게든 그러한 행위를 한다면 이미 잘못된 것이다. 일반적으로 말해서 과함이나 부족함에는 중용이 있을 수 없거니와 중용에도 과함이나 부족함이 있을 수 없기 때문이다.

개별적인 덕들에 적용한
중용과 과함과 부족함

하지만 덕과 악덕에 관해 이렇게 일반적으로 언급하는 것만으로는 충분치 않다. 한 걸음 더 나아가 개별적인 덕과 악덕에 이를 적용해야 한다. 행위에 대한 진술 가운데 일반적인 진술은 더 폭넓게 적용되지만, 개별적인 진술이 더욱 사실에 가깝다. 이는 행위가 개별적인 사례와 관련이 있기에 우리의 진술은 그런 개별적 사례에 부합해야 하기 때문이다. 이런 사례 몇 가지를 살펴보자.

두려움과 대담함이라는 정념의 중용은 용기다. 과한 사람 중에서 두려움이 과하게 없는 이는 이를 칭하는 이름이 없고(그런 경우가 많다), 대담함이 과하면 무모하고, 두려움이 과하고 대담함이 부족하면 비겁하다.

즐거움과 고통에 관해서(모두는 아니고 고통과 관련해서는 덜하지만) 중용은 절제이고, 과함은 방탕함이다. 즐거움과 관련해서 부족한 사람을 찾기는 쉽지 않다. 그렇기에 그런 사람에게는 어떠한 이름도 주어지지 않지만, 이들을 '무감각한 사람'이라고 부르자.

돈을 주고받는 일에서 중용은 후함이고, 그것이 과하면 낭비요, 부족하면 인색함이다. 그런데 이러한 행위에서 사람이 과하거나 부족한 방식은 서로 정반대다. 낭비하는 사람은 과하게 쓰고 부족하게 벌지만, 인색한 사람은 과하게 벌고 부족하게 쓴다. 지금은 개략적인 윤곽이나 개요를 제시하는 것에 만족하지만, 나중에 더 정확하게 설명하겠다.

돈에 관해서는 또 다른 성향도 있다. 여기서 중용은 통이 큰 것이고(통이 큰 사람과 후한 사람은 다르다. 통이 큰 사람이 많은 돈을 다룬다면, 후한 사람은 적은 돈을 다룬다), 과하면 천박하고, 부족하면 좀스럽다. 이는 후함과 다르며, 서로 무엇이 다른지는 나중에 설명하겠다.

명예와 불명예에서 중용은 긍지이고, 과하면 일종의 허영이요, 부족하면 소심하다. 앞서 후함은 통이 큰 것과 관련이 있지만 적은 돈을 다룬다는 점에서 통이 큰 것과 다르다고 했듯이,

여기에도 긍지와 관련이 있는 덕이 있는데, 다만 이러한 덕은 큰 명예가 아니라 작은 명예와 관련이 있다는 점에서 다를 뿐이다. 사람은 합당한 정도로 명예를 바라기도 하지만, 그런 명예를 바라는 정도가 과하거나 부족할 수도 있다. 명예욕이 과한 사람은 야심만만한 사람이라 불리고, 명예욕이 부족한 사람은 야심이 없는 사람이라 불리며, 그 중간에 있는 사람을 일컫는 이름은 없다. 야심만만한 사람의 성향을 야심이라고 부르는 것을 빼고는 이러한 성향을 부르는 아무런 이름도 없다.

그렇기에 명예욕의 양극단에 있는 사람은 스스로 중도에 있다고 주장한다. 우리 자신도 중간에 있는 사람을 어떨 때는 야심만만하다고 부르다가도, 또 어떨 때는 야심이 없다고 하기도 하며, 어떨 때는 야심만만한 사람을 칭송하고, 또 어떨 때는 야심이 없는 사람을 칭송하기도 한다. 우리가 그렇게 하는 이유는 나중에 이야기하도록 하고, 지금은 우리가 계획한 바에 따라 다른 성품을 하나씩 설명해보겠다.

분노에도 과함과 부족함이 있고, 중용도 있다. 이를 어떤 이름으로 칭하는 경우는 거의 없지만, 그럼에도 그 중간에 있는 사람을 온화하다고 부르니, 이 경우 중용을 온화함이라고 하자. 그리고 양극단에 있는 사람 가운데 분노가 과한 사람을 성미가 급하다고 하고 이 사람의 악덕은 성미 급함이요, 분노가 부족한 사람을 소심하다고 하고 이 사람의 악덕은 소심함이라고 하자.

그 밖에도 다른 중용이 세 가지 더 있다. 이러한 중용은 서로 비슷하기도 하지만 서로 다르기도 하다. 이들 중용은 모두 말과 행위로 이루어지는 사람 사이의 사귐과 관련이 있는데, 그중 하나는 말과 행위의 진실함과 관련이 있고, 나머지 둘은 즐거움과 관련이 있다는 점에서 서로 다르다. 후자의 즐거움 가운데 하나는 놀이와 관련된 즐거움이요, 다른 하나는 삶의 모든 관계와 관련된 즐거움이다.

우리는 이에 관해서도 이야기해야 하는데, 그래야 우리가 모든 것에서 중용은 칭송받을 만하지만 양극단은 칭송받을 만하지도 않고 올바르지도 않으며 도리어 비난받을 만하다는 사실을 더 잘 알게 된다. 여기에서도 아무 이름도 없는 경우가 대부분이지만, 다른 경우에서와 마찬가지로 우리가 명확히 이해하고 쉽게 따를 수 있도록 우리 스스로 이름을 만들어내기 위해 애써야 한다.

따라서 진실과 관련해서 중도에 서 있는 사람은 진실한 사람이니 그 중용은 진실함이라고 부를 수 있을 테고, 진실을 과하게 부풀린 과장을 허풍이라고 하고 이리한 성품을 가진 사람을 허풍선이라고 하며, 진실을 실제보다 줄여 말하는 것을 거짓 겸손이라고 하고 이러한 성품을 가진 사람을 겸손을 떠는 사람이라고 한다.

놀이에서의 즐거움과 관련해서 중도에 서 있는 사람은 기지 넘치는 사람이고 그 성향은 기지다. 기지가 넘치면 저속한 익살이고 이러한 성품을 가진 사람을 저속한 익살꾼이라고 하며, 기지가 부족하면 촌스럽고 이러한 성품을 가진 사람을 촌뜨기라고 한다.

삶의 모든 관계에서의 즐거움과 관련해 마땅한 방식으로 즐거워하는 사람은 호의적이며 그 중용은 호의다. 호의가 지나치나 특별히 마음속에 품은 목적이 없는 사람이라면 비굴한 사람이요, 자기 이익을 위해서라면 아첨꾼이다. 호의가 부족하고 어떤 상황에서라도 불쾌해하는 사람은 틈만 나면 다투려 드는 무례한 사람이다.

정념뿐만 아니라 정념에 따른 우리 행위에도 역시 중용이 있다. 수치심은 덕이 아니지만 수치심을 아는 사람은 칭송받는다. 심지어 이 문제에서도 어떤 사람은 중간이라고 하고, 또 어떤 사람은 과하다고 말하는데, 가령 아주 작은 일에도 수치심을 느껴 창피해하는 사람이 그렇다. 수치심이 모자라거나 아무 일에도 수치심을 느끼지 못하는 사람은 파렴치한이며, 중도에 있는 사람은 수치심을 아는 사람이다.

의분은 시기와 앙심 사이에 있는 중용이다. 이러한 의분은 이웃의 운명을 보고서 느끼는 고통이나 즐거움과 관련이 있다. 의분이 넘치는 사람은 부당한 행운에 고통을 느끼고, 시기심 넘치는 사람은 자기보다 잘 되는 모든 행운에 고통을 느끼며, 악의가 가득한 사람은 자기 이웃의 불행에 고통스러워하기는 커녕 도리어 기뻐한다.

과함과 모자람과 중용은
모두 서로에 대해 대립한다

앞에서 말했듯 우리에게는 세 가지 성향이 있으며, 그중 둘은 악덕으로 각각 과함과 부족함에 관련되어 있고, 나머지 하나는 덕, 즉 중용이다. 이들 성향은 모두 서로가 서로에게 대립한다. 양극단의 성향은 중도 성향뿐만 아니라 서로 간에도 대립하고, 중도 성향은 양극단의 성향에 대립한다. 같은 것이라도 그보다 작은 것에 비하면 크고 그보다 큰 것에 비하면 작은 것처럼 정념과 행위 모두에서 중도에 있는 성품은 부족함에 비하면 과하고, 과함에 비하면 부족하다.

용기 있는 사람은 비겁한 사람에 비하면 무모해 보이고, 무모한 사람에 비하면 비겁해 보인다. 마찬가지로 절제력 있는 사람은 무감각한 사람에 비하면 방종해 보이고, 방종한 사람에 비하면 무감각해 보인다. 후한 사람은 인색한 사람에 비하면 헤퍼 보이고, 헤픈 사람에 비하면 인색해 보인다.

그래서 양극단에 서 있는 사람은 중도에 서 있는 사람을 서로 상대편 극단으로 몰아붙이기에, 비겁한 사람이 용기 있는 사람을 무모하다 하고, 무모한 사람은 용기 있는 사람을 비겁하다고 한다. 이는 다른 경우에도 마찬가지다.

따라서 이렇게 서로 간에 대립하기는 하지만 그중에서 가장 큰 대립은 중도와 양극단의 대립이 아니라 양극단 간의 대립이다. 양극단은 중도보다 서로에게서 더 멀리 떨어져 있기 때문이다. 이는 큰 것이나 작은 것이 중간에서 떨어져 있는 것보다 큰 것이 작은 것에서, 작은 것이 큰 것에서 더 멀리 떨어져 있는 것과 마찬가지다.

또한 어떤 극단은 그 중간에 대해서 유사성을 보이기도 한다. 무모함과 용기가, 방탕함과 후함이 비슷해 보이는 것처럼 말이다. 하지만 양극단은 서로 유사성이 가장 적게 나타난다. 대립하는 것은 서로에게서 가장 멀리 떨어져 있는 것이라고 정의되기에, 멀리 떨어지면 떨어질수록 더 크게 대립한다.

때에 따라서는 중간이 부족함과 더 크게 대립하기도 하고, 과함과 더 크게 대립하기도 한다. 예컨대 용기에 더 크게 대립하는 것은 용기가 과한 무모함이 아니라 부족한 비겁함이고, 절제력에 더 크게 대립하는 것은 절제력이 부족한 무감각함이 아니라 과한 방종이다.

이런 일은 두 가지 이유로 일어나는데, 그중 하나는 사태 자체의 본성에서 비롯된 이유다. 실제로 양극단 중 한쪽이 중간에 더 가깝고 유사하기에 우리는 자연스럽게 이 극단이 반대편 극단만큼 강하게 중간과 대립하지 않는다고 여긴다. 즉 무모함은 용기와 더 비슷하고 가깝지만 비겁함은 용기와 비슷하지 않다고 여기는 까닭에 우리는 비겁함이 용기와 더 크게 대립한다고 여긴다. 왜냐하면 중간에서 더 멀리 떨어질수록 중간에 더 크게 대립한다고 여겨지기 때문이다. 바로 이것이 사태 자체의 본성에서 비롯된 한 가지 이유다.

다른 하나는 우리 자신에게서 비롯된다. 우리가 본성상 더 끌리는 게 중간에 더 크게 대립하는 것으로 보이기 때문이다. 이를테면 우리는 본성상 즐거움에 더 끌리기 때문에 적절함보다 방종으로 더 쉽게 기운다. 그래서 우리가 끌리기 더 쉬운 게 중용에 더 크게 대립하는 것이라 말한다. 따라서 과함인 방종이 절제력에 더 크게 대립한다.

과함과 부족함의 양극단에서
멀리 떨어져야 한다

지금까지 도덕적인 덕은 중용이고 어떤 의미에서 그러한지, 중용은 두 악덕, 즉 과함에 관련된 악덕과 부족함에 관련된 악덕 사이에 있으며, 중용이 덕인 이유는 정념과 행위에서 중도에 있는 것을 지향하기 때문이라는 점을 충분히 설명했다. 그렇기에 좋은 사람이 되기는 쉽지 않다. 모든 일에서 중도를 찾아내는 일이 쉽지 않기 때문이다.

예컨대 원의 중심을 찾는 일은 아는 사람이나 할 수 있지 모든 사람이 할 수 있는 것은 아니다. 마찬가지로 화를 내거나 아니면 돈을 주거나 헤프게 쓰기는 쉽지만, 마땅한 사람에게 마땅한 정도로, 마땅한 때에 마땅한 동기를 가지고, 마땅한 방식으로 그런 일을 하기란 모든 사람이 할 수 있을 법한 일도 아닐뿐더러 쉽지도 않다. 이것이 바로 그린 일을 잘히는 경우가 드물고, 그런 일이 칭찬받을 만하며 고귀한 이유다.

중용을 지향하는 사람이라면, 우선은 중용에 더 크게 대립하는 것에서 멀리 떨어져야 한다. 왜냐하면 양극단 가운데 하나는 잘못이 더 크고 다른 하나는 잘못이 더 적은 것이기 때문이다. 중앙을 정확히 맞추기란 지극히 어렵기에 세간에서 흔히 이야기하듯 두 악덕 가운데 가장 작은 악덕을 차선으로 택해야 하며, 이를 행하는 제일 좋은 방법은 우리가 앞서 말한 대로 하는 것이다.

하지만 우리는 스스로 쉽게 이끌리는 것이 무엇인지도 살펴야 한다. 사람마다 끌리는 게 서로 다르기 마련이고, 이는 우리가 어디에서 즐거움을 느끼고 어디에서 고통을 느끼는지에서 확인할 수 있다. 우리는 반대되는 쪽으로 자신을 이끌어 극단에서 벗어나도록 해야 한다. 사람이 굽은 지팡이를 곧게 펴려고 할 때처럼 잘못된 것으로부터 되도록 멀리 끌고 가야 중도의 상태에 이를 수 있기 때문이다.

어느 때라도 우리는 즐거움을 주는 것과 즐거움을 특히 경계해야 한다. 어떤 경우라도 즐거움을 떨쳐내면 그릇된 길로 빠질 가능성이 낮아진다.

이렇게 행함으로써 우리는 중간에 가장 정확히 적중시킬 수 있다. 하지만 중간을 정확히 맞추기 어렵다는 사실에는 의문의 여지가 없고, 개별적인 경우라면 특히 더 그럴 것이다. 어떻게 누구에게 어떤 도발에 대해서 얼마나 오래 화를 내야 하는지 결정하기란 쉽지 않고, 세간에서는 기준에 미치지 못하는 사람을 온화하다고 부르며 그 사람을 칭송하기도 하고, 거친 성정을 내보이는 사람을 남자답다고 일컬으며 칭송하기도 하니까 말이다.

과함의 측면에서든 아니면 부족함의 측면에서든 좋음에서 살짝 벗어나는 사람은 비난을 면하지만 크게 벗어나는 사람은 비난받는다. 눈에 띄기 때문이다. 하지만 추론을 통해서 어디까지, 그리고 어느 만큼 벗어나야 비난받을 만한지 결정하기란 거의 불가능하다. 지각의 범위에 해당하는 것도 절대로 그렇게 결정될 수 없다. 그러한 것은 개별적인 것의 영역에 놓여 있으며, 오직 지각에 의해서만 결정될 수 있다.

이렇게 모든 것에서 중도의 상태 또는 중용은 칭송받아 마땅하지만, 거기에 이르려면 어떤 때는 과함 쪽으로, 또 어떤 때는 부족함 쪽으로 기울어야 한다는 점은 분명하다. 왜냐하면 그래야만 중용과 옳은 것에 가장 쉽게 이르게 될 테니 말이다.

자발적인 행위들과
비자발적인 행위들

덕은 정념과 행위에 관련이 있고, 자발적이라면 칭송이나 비난을 받지만 자발적이지 않다면 용서받거나 때에 따라 동정을 받기도 한다. 강요받거나 무지 때문에 일어난 일은 비자발적인 것으로 여겨진다. 예컨대 바람에 떠밀려 가거나 자신을 지배할 힘을 가진 사람에 의해서 어디론가 끌려가는 것처럼 원인이 외부에 있고 그 행위를 하는 사람이나 그 행위를 당하는 사람이 그 원인에 아무것도 보탤 수 없다면 이러한 행위는 강요에 따른 행위다.

하지만 어떤 참주가 누군가의 부모와 자식을 잡아두고서 그에게 수치스러운 일을 하라고 명령하면서 만약 그 일을 한다면 부모와 자식을 구할 수 있을 것이요, 그렇지 않다면 그들을 죽이겠노라고 하는 경우처럼 더 큰 악이 두려워서 또는 어떤 고귀한 목적을 이루려고 행하는 일에 대해서는 그런 일이 자발적인지 비자발적인지를 두고 논란이 있다.

또한 폭풍 속에서 짐을 배 밖으로 내던지는 행위에 대해서도 이와 같은 일이 벌어진다. 만약 아무 일이 없다면 자발적으로 자기 짐을 배 밖으로 내던지는 사람이 있을 리 없겠지만, 자신과 선원의 안전을 확보하기 위해서라면 양식 있는 사람 누구나 그렇게 할 것이다.

이런 행위에는 자발적인 것과 비자발적인 것이 서로 뒤섞여 있지만, 이런 행위는 자발적 행위에 더 가깝다. 그런 행위를 할 당시에 그렇게 하기로 선택한 것이고, 행위의 목적이나 동기가 당시의 상황과 관련이 있기 때문이다. 따라서 자발적이라거나 비자발적이라는 말을 쓸 때는 그 행위 당시의 상황에 비추어 판단해야 한다.

그 사람이 자발적으로 행동한다면, 그러한 행위에서는 신체에서 도구처럼 쓰이는 부분을 움직이는 원인이 그 사람에게 있다. 왜냐하면 그 원인이 행위자에게 있다면 그 행위를 할지 말지는 그 사람에게 달려 있기 때문이다. 이러한 행위는 자발적이지만 그 자체로는 비자발적일 수도 있는데, 이는 아무도 그러한 행위 그 자체를 선택하지 않을 것이다.

때로는 그런 악을 피하려고 그렇게 행동해야 할지, 아니면 그런 행동을 하느니 차라리 그런 악을 감내해야 할지 결정하기란 힘들다. 하지만 우리가 내린 결정을 끝까지 지키기는 더더욱 힘들다. 대개는 우리가 피했으면 하는 악은 고통스러운 것이고, 그렇게 하라고 강요당한 행위는 수치스럽다. 이런 이유로 우리는 자신에게 강요된 행위에 시달리는지 아니면 그렇지 않은지에 따라서 칭송받기도 하고 비난받기도 한다.

그렇다면 어떤 행위를 강요된 것이라고 해야 할까? 우리의 대답은 이렇다. 원인이 외부에 있고 행위자가 그 원인에 아무것도 보태지 못한다면, 그런 행위는 무조건 강요된 것이다. 하지만 비자발적인 행위가 무엇인가를 얻으려고 선택되었고 그 행위의 원인이 행위자에게 있다면, 이 행위는 그 자체로는 비자발적이지만 무엇인가를 얻으려고 행해졌다는 점에서는 자발적이다.

즐겁고 고귀한 대상에도 강요하는 힘이 있어서 외부에서 우리를 강제한다고 말하는 사람이 있다면, 그에게 모든 행위는 강요된 것이다. 왜냐하면 사람이 모든 일을 행하는 이유가 바로 즐겁고 고귀한 대상을 위해서기 때문이다. 그리고 자기 의

사와 무관하게 강요에 따라 행하는 사람은 고통스럽게 그 일을 하지만, 자신의 즐거움이나 고귀함을 위해 행하는 사람은 그 일을 즐겁게 행한다. 눈길을 끄는 것에 쉽게 사로잡히면서도 자기 자신이 아니라 외부 상황을 탓하고, 고귀한 행위는 자기 탓이지만 수치스러운 행위는 즐거움을 주는 대상 탓으로 돌리는 것은 터무니없는 일이다. 따라서 강요된 행위는 그 원인이 외부에 있고 강요받은 사람이 그 원인에 아무런 영향도 미치지 못한 행위라고 여겨진다.

무지로 말미암아 행위가 일어났다고 해서 그런 행위 모두가 늘 자발적인 것은 아니다. 하지만 행위자가 이후에 고통을 겪고 자신이 행한 일을 후회할 때는 비자발적이다. 무지로 인해 어떤 일을 한 사람이 자신이 행한 일에 아무런 거리낌이 없다면, 그 사람은 자신이 무슨 일을 하고 있는지 알지 못했기에 정말 자발적으로 그 일을 했다고 할 수 없고, 고통을 느끼지 않기에 비자발적으로 그 일을 했다고 할 수도 없다. 따라서 무지를 이유로 행위를 했으나 후회하는 사람은 마지못해 그 행위를 한 비자발적 행위자로 여겨지지만, 후회하지 않는 사람은 자발적이지 않은 행위자로 부를 수 있다. 서로 경우가 다른만큼 이를 구분되는 이름으로 부르는 것이 좋겠다.

또한 무지가 원인이 된 행위는 무지한 상태에서 한 행위와 서로 다른 듯하다. 술에 취하거나 분노한 상태에서 어떤 행위를 한 사람은 무지 때문이 아니라 앞서 말한 원인, 즉 술이나 분노의 결과로 그렇게 행한 것이고, 그 사람은 알고서 그렇게 한 것이 아니라 모르는, 즉 무지한 상태에서 그렇게 한 것이다.

나쁜 사람은 모두 마땅히 해야 할 일이 무엇인지, 마땅히 삼가야 하는 일이 무엇인지에 대해 무지하고, 이런 종류의 잘못, 즉 무지로 인해 사람이 불의해지며 일반적으로 말해서 나쁜 사람이 된다. 하지만 비자발적이라는 말은 무엇이 자신에게 유익한지 알지 못하는 사람에게는 쓰이지 않는 경향이 있다. 어떤 행위를 비자발적인 것으로 만드는 건 그릇된 목적도 아니고(그런 목적 때문에 사람이 사악해진다), 보편적인 것에 대한 무지도 아니며(이것으로 비난받을 수는 있다), 개별적인 것에 대한 무지, 즉 행위와 그런 행위와 관련된 대상이 어떤 상황에 놓여 있는지에 대한 무지이기 때문이다.

이것이 동정과 용서의 바탕이다. 이러한 개별적인 것에 무지한 사람은 비자발적으로 행동하니까 말이다. 무지는 이러한 상황 중 어느 것과도 관련이 있을 수 있고, 이러한 상황에 무지한 사람은 비자발적으로 행위를 한 것이라고 여겨진다. 그 사람이 가장 중요한 것, 즉 행위와 그 행위의 목적이 놓여 있는 상황에 무지한 때는 더욱 그렇다. 더군다나 이러한 종류의 무지 탓에 비자발적이라 불리는 행위를 하는 것은 틀림없이 고통과 후회를 안길 것이다.

강요로 또는 무지 때문에 행한 일이 비자발적인 행위이기에 행위의 원인이 행위자 자신에게 있고 그 행위자가 그러한 행위의 특수한 상황을 알고 있다면, 그 행위는 자발적 행위인 듯하다.

분노나 욕구 때문에 어떤 행위를 했다고 해서 이 행위를 비자발적이라고 하는 것도 옳지 않다. 이 말로 판단해보면, 첫째로 인간 이외의 다른 동물 중 그 어떤 동물도 자발적으로 행동하지 않을 것이고 이는 아이들도 마찬가지다. 둘째로, 욕구나 분노로 인한 행위는 어떤 것이든 자발적이지 않다는 말일까, 아니면 고귀한 행위는 자발적이고 수치스러운 행위는 비자발적이라는 말일까? 원인이 똑같은데 이렇게 말하는 것은 터무니없지 않을까? 우리가 바라는 것이 마땅한 행위를 비자발적이라고 하는 것은 분명 이상하다.

우리는 어떤 대상에 분노해야 하고, 건강이나 배움 같은 대상에는 욕망을 가져야 한다. 또한 비자발적인 것은 고통스럽지만 욕망에 따르는 것은 즐겁다고 여겨진다. 그렇다면 비자발성이라는 면에서 계산을 잘못한 것과 분노에 휩싸여 저지른 잘못 사이에는 무슨 차이가 있을까? 둘 다 피해야 마땅한 것이겠지만 비이성적인 정념이나 이성 모두 인간적인 것이고, 분노나 욕구에서 비롯된 행위 또한 인간의 행위다. 그렇기에 이러한 행위를 비자발적인 행위로 다루는 것은 이상하다.

이성적 선택의
개념과 대상에 대해

앞서 자발적인 것과 비자발적인 것을 명확히 구분했으니, 다음으로는 이성적 선택에 대해 살펴보자. 왜냐하면 이성적 선택은 덕과 가장 긴밀하게 엮여 있을뿐더러 성품을 행위보다 더 훌륭하게 구별해준다고 여겨지기 때문이다.

이성적 선택은 자발적으로 보이지만, 자발적인 것과 같지는 않다. 오히려 자발적인 것의 범위가 더 넓다. 아이들이나 하등 동물도 자발적 행위를 하지만 이성적 선택을 하지는 못하고, 순간적인 충동에 따라 한 행위를 자발적이라고 할 수 있지만 그렇다고 이성적으로 선택된 행위라고는 하지 않기 때문이다.

이성적 선택이 욕망이나 분노 또는 바람이나 일종의 의견이라고 말하는 사람도 있지만, 이는 옳은 말 같지는 않다. 이성이 없는 존재는 이성적 선택을 내릴 수 없지만 욕망과 분노는 느낄 수 있다. 또한 절제력이 없는 사람은 욕망에 따라 행동하고 이성적 선택에 따라 행동하지 않는다. 반면에 절제력 있는 사람은 정반대로 이성적 선택이나 욕망에 따라 행동하지 않는다. 욕망은 이성적 선택과 대립하지만 다른 욕망과는 대립하지 않으며, 즐거움이나 고통과 관련이 있다. 하지만 이성적 선택은 고통이나 즐거움과 무관하다. 더구나 이성적 선택은 분노가 아니다. 분노에서 비롯된 행위는 이성적 선택의 대상이 될 가능성이 가장 작아 보이기 때문이다.

비록 이성적 선택이 바람과 가까워 보이더라도 바람도 아니다. 이성적 선택은 불가능한 것과는 무관하며, 만약 누군가 불가능한 것을 이성적으로 선택했다고 말한다면 그 사람은 바보 취급을 받을 것이다. 그런데 가령 불멸을 바라는 것처럼 불가능한 것을 바랄 수도 있다. 심지어 자신의 노력만으로는 절대 이루어질 수 없는 일을 바랄 수도 있다. 예컨대 어떤 배우나 운동선수가 경연이나 시합에서 이기기를 바라는 것처럼 말이다. 하지만 누구도 그런 일을 이성적으로 선택하지 않으며, 오직 자신의 노력으로 이루어질 수 있다고 생각되는 일만을 이성적으로 선택한다.

또한 바람은 목적과 관련이 있고, 이성적 선택은 수단과 관련이 있다. 가령 우리는 건강하기를 바랄뿐더러 우리를 건강하게 만들어줄 행위를 이성적으로 선택하기도 한다. 우리는 행복을 바라고 행복하다고 말하기도 하지만, 행복해지기를 이성적으로 선택했다고 말하기는 어렵다. 왜냐하면 일반적으로 이성적 선택은 우리가 자기 힘으로 할 수 있는 것만을 대상으로 삼는 듯하기 때문이다. 이러한 이유로 이성적 선택은 의견일 수도 없다. 의견은 모든 종류의 것을, 즉 우리가 자기 힘으로 할 수 있는 것뿐만 아니라 영원한 것이나 불가능한 것도 그 대상으로 삼을 수 있으니 말이다. 게다가 의견은 참인지 거짓인지로 구별될 뿐 좋은지 나쁜지로는 구별되지 않지만, 이성적 선택은 좋은지 나쁜지로 구별된다.

이제 일반적으로 이성적 선택이 의견과 같은 것이라고 말할 사람은 아무도 없겠다. 하지만 이성적 선택은 심지어 어떤 종류의 의견과도 같지 않다. 우리가 특정한 성품을 갖게 되는 것은 좋거나 나쁜 것을 이성적으로 선택하기 때문이지, 어떤 의견을 견지한 탓이 아니다. 또한 우리는 좋거나 나쁜 일을 할 것인지 피할 것인지를 이성적으로 선택하지만, 그것이 무엇이고 누구에게 유익하며 어떻게 유익한지를 두고는 의견을 갖는다.

어떤 일을 할 것인지 피할 것인지를 두고서는 어떤 의견이 있다고 말하는 일은 드물다. 이성적 선택은 옳은 대상을 선택하거나 그 선택 자체가 옳기에 칭송받지만, 의견은 진실이어서 칭송받는다. 그리고 우리가 좋다는 사실을 가장 분명히 알고 있는 것은 이성적으로 선택하지만 좋다는 사실을 모르는 것에는 의견을 가진다.

게다가 최고의 의견을 가졌다고 해서 최고의 이성적 선택을 하는 것도 아니다. 상당히 훌륭한 의견을 가졌으면서도 악덕 때문에 하지 말아야 할 선택을 하는 사람도 있다. 의견이 이성적 선택에 앞서든지 아니면 그러한 선택에 뒤따르든, 이 문제는 중요치 않다. 우리가 살펴보고 있는 것은 그게 아니라 이성적 선택이 어떤 종류의 의견과 같은지 여부이기 때문이다. 이성적 선택이 우리가 지금껏 언급했던 것 중에서 그 어느 것도 아니라면, 이성적 선택은 대체 무엇이고 어떤 종류라는 말일까? 이성적 선택은 자발적인 것으로 보이지만, 자발적인 것이 모두 이성적 선택의 대상이 되지는 않는다. 그렇다면 이성적 선택은 미리 숙고해서 결정되는 것일까? 대개 이성적 선택은 이성과 사유를 포함한다. 심지어 이성적 선택이라는 명칭조차 다른 것에 앞서 선택된 것이라는 사실을 넌지시 가리키는 듯하다.

이성적 선택과 숙고는
어떤 관계인가

우리는 모든 것을 숙고할까? 과연 모든 것이 숙고의 대상이될 수 있을까, 아니면 어떤 대상은 숙고할 수 없는 것일까? 아마도 우리는 어리석거나 미친 사람이 숙고할 만한 것이 아니라양식 있는 사람이 숙고할 만한 것을 숙고의 대상이라고 불러야한다.

영원한 것, 가령 물질적 우주나 정사각형의 대각선과 변의비가 약분 불가능하다는 사실은 그 누구도 숙고하지 않는다.또한 필연적이거나 본성에 따르거나 그 밖의 원인으로 운동하기는 하지만 늘 같은 방식으로 운동하는 대상, 예컨대 동지나하지, 별이 뜨고 지는 일도 숙고하지 않는다. 또한 가뭄이나 비처럼 어떨 때는 이렇게, 어떨 때는 저렇게 일어나는 일 역시 숙고하지 않는다. 보물을 발견하는 일처럼 우연히 일어나는 일도 숙고하지 않는다. 즉 우리는 모든 인간사를 숙고하지 않는다.

우리는 자신의 힘이 미치고 할 수 있는 일만을 숙고한다. 사실상 이런 것만 남는다. 본성과 필연과 우연은 어떤 일의 원인으로 여겨지지만, 이성이나 인간에게 좌우되는 모든 것 또한 원인이 된다. 사람은 누구나 자기 노력으로 해낼 수 있는 일을 숙고하기 마련이다.

엄밀하고 독립적인 학문에서도, 가령 알파벳 문자에 대해서는 숙고하지 않는다. 우리는 알파벳을 어떻게 써야 하는지 아무런 의문을 품지 않는다. 우리는 자기 노력으로 일어나기는 하지만 항상 같은 방식으로 일어나지는 않는 일, 예컨대 의학이나 치부(致富)의 문제에 대해서는 숙고한다. 또한 우리는 학문보다 기술을 더 많이 숙고한다. 우리가 기술에 대해서 더 많은 의심을 품고 있기 때문이다.

숙고는 대개 특정한 방식으로 일어나기는 하지만 그 결과가 분명치 않고 불확실한 것을 대상으로 삼는다. 우리는 중요한 문제를 숙고하면서 자신이 제대로 결정을 내릴 만하다고 믿지 않기에 다른 사람에게 도움을 요청한다.

우리는 목적이 아니라 수단에 대해서 숙고한다. 의사는 병을 치료할지 말지를 숙고하지 않고, 웅변가는 청중을 설득할 수 있을지 말지를 숙고하지 않으며, 정치가는 법과 질서를 만들어 낼지 말지를 숙고하지 않기에, 사람은 그 누구도 자신의 목적을 숙고하지 않는다. 사람은 우선 목적을 정하고 나서 어떻게 그리고 어떤 수단으로 그 목표를 이룰 것인지 생각한다. 만약 목적을 이루는 수단이 여럿이라면, 가장 쉽게 가장 좋은 결과를 낳을 수단을 고려한다.

반면에 목적을 이루는 수단이 단 하나라면, 발견한 순서상 가장 마지막인 최초 원인에 도달할 때까지 이러한 수단으로 어떻게 목적을 달성할 것인지, 그리고 어떤 방법으로 그 수단을 얻을지를 고려한다. 숙고하는 사람은 기하학 도형을 분석하듯이 앞서 설명한 방식으로 탐구하고 분석하는 것처럼 보인다 (예컨대 수학적인 탐구처럼 모든 탐구가 숙고처럼 보이지는 않지만 모든 숙고는 탐구다). 분석하는 순서에서는 맨 마지막 것이, 발생의 순서로는 맨 처음 것이 되는 듯하다.

우리는 불가능한 것과 마주치면 탐색을 포기한다. 예컨대 돈이 필요한데 그 돈을 마련할 수 없을 때 그렇다. 그런데 가능해 보이는 것과 마주치면 그것을 해보려 한다. 여기서 '가능한 것'이라는 말은 우리 자신의 노력으로 해볼 수 있는 것이라는 뜻이다. 여기에는 친구의 노력으로 해볼 수 있는 것도 포함되며, 이는 그 원인이 우리 자신에게 있기 때문이다. 우리가 탐구하는 대상은 어떨 때는 수단이기도 하고, 또 어떨 때는 그러한 수단을 사용하는 방법이기도 하다. 다른 경우도 마찬가지로 때로는 수단이기도 하고, 또 어떨 때는 그러한 수단을 사용하는 방법이나 그러한 수단을 낳는 다른 수단이기도 하다.

따라서 지금까지 말해온 것처럼 사람이 행위의 원인인 듯하다. 숙고는 행위자 자신에 의해서 행해지는 것을 다루고, 행위는 그 자체가 아닌 다른 것을 위해서 행해진다. 목적은 숙고의 대상이 되지 못하며, 오직 그 목적을 이루는 수단만이 숙고의 대상이다. 개별적인 사실, 예컨대 이것이 빵인지 아닌지 혹은 이 빵이 제대로 잘 구워졌는지 아닌지는 숙고의 대상이 되지 못한다. 왜냐하면 그러한 사실은 지각의 문제이기 때문이다. 우리가 영원히 숙고를 계속해야 한다면 절대로 결론에 이르지 못할 것이다.

이성적 선택의 대상이 이미 결정되어 있다는 점을 제외하면, 숙고의 대상이나 이성적 선택의 대상이나 매한가지다. 왜냐하면 이성적 선택의 대상은 바로 숙고한 끝에 얻은 결과로 결정된 것이기 때문이다. 누구든 인과의 연쇄를 거슬러 올라가 자기 자신과 자신에게 움직이도록 명령하는 부분에 이르면 자신이 어떻게 행동해야 할지 더 이상 탐구하지 않는다. 왜냐하면 거기에 이르렀다는 사실은 이성적 선택을 내렸다는 뜻이기 때문이다. 이는 호메로스(고대 그리스의 시인으로 위대한 서사시 〈일리아스〉와 〈오디세이아〉를 남김 – 옮긴이)가 묘사한 고대의 정치제도를 봐도 분명하다. 왕은 자신이 내린 이성적 선택을 백성에게 알렸다.

이성적 선택의 대상은 우리 힘으로 해낼 수 있는 중 하나이고, 이는 숙고를 거쳐 바라게 된 것이다. 이성적 선택은 우리 힘으로 해낼 수 있는 것에 대한 바람을 숙고한다. 우리는 우선 숙고하고 나서 그러한 숙고를 바탕으로 결정을 내리기에 그러한 숙고에 따르기를 바란다.

이상에서 우리는 이성적 선택에 대해 개략적으로 살펴보았다. 아울러 이성적 선택의 목적이 지닌 본성과 이성적 선택이 수단과 관련이 있다는 사실 또한 설명했다.

덕과 악덕은
우리 손에 달려 있다

바람이 목적을 위한 것이라는 점은 이미 언급한 바 있다. 바람의 대상이 좋음이라는 사람도 있고, 겉보기에 좋은 것이라고 하는 사람도 있다. 따라서 바람의 대상이 좋음이라고 하는 사람은, 올바른 선택을 내리지 못한 사람이 바라는 것은 바람의 대상이 아니라는 결론을 인정해야 한다(만약 바람의 대상이 되려면 그 대상이 좋은 것이어야 할 텐데, 그 대상이 나쁜 것이라면 나쁜 것을 바란 것이 될 수 있기 때문이다).

반면에 바람의 대상이 겉보기에 좋은 것이라고 하는 사람은 그 본성상 바람의 대상이 되는 것은 존재하지 않고, 그저 각자가 자신에게 좋아 보이는 것을 바랄 뿐이라는 결론을 인정해야 한다. 그래서 사람에 따라 겉보기에 좋은 것이 다 다르고, 그렇다면 심지어 서로 반대되는 것조차 좋게 보이는 일이 생긴다.

이러한 관점이 둘 다 만족스럽지 않다면, 우리는 바람의 대상이 절대적으로 그리고 진실로 좋음이지만, 각자에게는 좋아 보이는 것이 바람의 대상이라고 해야 하지 않을까? 그래서 훌륭한 사람은 그 대상으로 진정한 좋음을 바라지만, 나쁜 사람은 무엇이든 바랄 수 있다. 신체에 대해서도 마찬가지다. 건강한 사람은 진정으로 건강에 좋은 게 건강에 도움이 된다고 생각하지만, 병든 사람은 쓰고 달고 뜨겁고 무거운 것 등처럼 다른 것들이 건강에 도움이 된다고 생각한다. 훌륭한 사람은 모든 경우에 올바르게 판단하고, 각각의 경우에 그 사람에게 참되 보이는 것이 진정으로 참된 것이다.

우리가 지닌 각각의 성품이 어떤 상태에 있는지에 따라서 고귀함과 즐거움은 특별한 형태를 띤다. 훌륭한 사람이 다른 이들과 달리 두드러지는 점은 모든 대상에서 참된 것을 잘 포착하고, 마치 그러한 참된 것이 고귀함과 즐거움을 재는 척도인 양 자연스럽게 행동한다는 것이다. 하지만 대부분의 사람들을 그릇된 길로 이끄는 것은 즐거움인 듯하다. 즐거움은 좋은 게 아닐 때조차 좋은 것처럼 보인다. 그래서 사람은 즐거운 것을 좋은 것으로 여겨 선택하고, 고통스러운 것은 나쁜 것으로 여겨 피하게 된다.

목적은 우리가 바라는 것이요, 그 목적을 이루는 수단은 숙고와 이성적 선택의 대상이라면, 그러한 수단과 관련된 행위는 반드시 이성적 선택에 따를 것이기에 자발적이다. 하지만 덕을 드러내 보이는 행동은 수단과 관련이 있다. 따라서 덕은 우리 자신에게 달려 있고, 악덕 또한 마찬가지다. 어떤 것을 해야 할 때 그 일을 하지 않는 것이 우리 손에 달려 있다면, '예'라고 말해야 할 때 '아니오'라고 말할 수 있기 때문이다.

고귀한 일을 행하는 것이 우리 손에 달려 있다면, 수치스러운 일을 행하지 않는 것도 우리 손에 달려 있다. 또한 고귀한 일을 행하지 않는 것이 우리 손에 달려 있다면, 수치스러운 일을 행하는 것 역시 우리 손에 달려 있다. 고귀하거나 수치스러운 일을 행하는 것이 우리 손에 달려 있고 마찬가지로 그런 일을 하지 않는 것도 우리 손에 달려 있다면, 그리고 이것이 좋음과 나쁨이 의미하는 것이라면, 유덕한 사람이 될 것인지 악한 사람이 될 것인지도 우리 손에 달려 있다.

"스스로 악해지기를 바라는 사람은 없고, 스스로 행복하지 않기를 바라는 사람도 없다"는 격언은 반은 맞고 반은 틀린 듯하다. 행복하기를 바라지 않는 사람은 아무도 없지만, 악을 행하는 것은 자발적이니까 말이다. 만약 이를 인정하지 않는다면, 우리는 이제 막 이야기했던 주장을 반박하고서 인간은 행위의 최초 원인도 아니요 자식인 자기 행위를 낳은 부모도 아니라고 주장하는 것이다. 하지만 이런 사실이 분명하고 우리 행위의 원인을 우리 자신에게 달린 것 말고 다른 원인에서 찾을 수 없다면, 그 원인이 우리 안에 있는 행위는 우리에게 달려 있고 자발적일 수밖에 없다.

불의한 행위를 하면서 불의하기를 바라지 않거나 무절제한 행위를 하면서 무절제하기를 바라지 않는다고 하면 터무니없는 소리다. 틀림없이 자신을 불의한 사람으로 만들 일을 모르지 않으면서도 그러한 행위를 한다면 그 사람은 스스로 원해서 불의한 사람이 될 테지만, 그렇다고 그저 불의한 사람이 되지 않기를 바란다고 해서 더 이상 불의한 사람이기를 멈추고 정의로워지지는 않는다. 왜냐하면 건강해지길 바란다고 해서 병든 사람이 건강해지지 않기 때문이다.

무절제하게 생활하거나 의사의 지시에 따르지 않은 탓에 병에 걸렸다면, 그 사람은 스스로 원해서 아픈 것이라고 할 수도 있다. 그때야 그 사람에게 건강하다는 선택지가 있었지만, 건강을 내팽개친 지금에 와서는 더 이상 그렇지 않다. 이는 마치 한번 돌을 던지고 나면 다시 돌을 자기 손에 쥘 수 없는 것과 마찬가지다. 하지만 돌을 멀리 던져버리는 행위는 그 사람에게 달려 있다. 돌이 날아가는 출발점이 그 사람에게 있기 때문이다. 마찬가지로 불의하거나 무절제한 사람도 처음부터 이러한 성품을 가졌던 것은 아닐 테니 스스로 원해서 불의하거나 무절제한 사람이 된 것이다. 그러나 이제 그런 성품을 얻었으니 더 이상 그런 성품을 없애지 못한다.

이렇게 말하는 사람도 있을지 모르겠다. 누구나 자신에게 좋아 보이는 것을 추구하지만 그것이 어떤 모습을 띨지는 우리가 어찌해 볼 도리가 없고, 그 목적은 각자의 성품에 부합하는 형태로 나타난다고 말이다. 우리는 이렇게 대답하겠다. 각자가 어떤 식으로든 자기 성품의 원인이라면, 어떤 식으로든 이렇게 겉으로 좋아 보이는 것의 원인 역시 그 사람이라고 말이다. 그렇지 않다면 누구도 자신이 저지른 악행의 원인이 아니기에 그런 악행에 책임지지 않게 된다.

사람은 목적에 대한 무지에서 악행을 범하며, 이런 악행으로 최고의 좋음을 확보할 수 있으리라 생각한다. 그런데 진정한 목적을 추구해 나가는 일은 우리 자신의 선택에 달린 것이 아니다. 따라서 진정으로 좋은 것을 바르게 분별하고 선택하는 사람이라면, 그 사람은 좋은 눈을 타고난 것이 틀림없다. 그 사람은 타고나길 이러한 재능을 본성으로 풍부하게 부여받은 사람이다. 이러한 재능은 가장 훌륭하고 고귀한 것인 데다가 다른 사람으로부터 얻거나 배울 수 있는 것이 아니기에 이러한 재능을 태어날 때부터 우리에게 주어진 그대로 지켜가야 하며, 이러한 점에서 훌륭하고 고귀하게 태어났다는 것은 가장 참되고 완전한 의미에서 태생이 좋은 것이다.

이 말이 옳다면, 어떻게 해서 덕은 악덕보다 더 자발적인 것일까? 목적으로 보이는 것을 결정하는 것이 본성이든 아니면 그 밖의 다른 것이든 간에 좋은 사람이나 나쁜 사람 모두에게 똑같은 방식으로 결정되며, 이들은 이러한 목적을 기준 삼아 어떤 종류든 자신의 모든 행위를 행한다.

각자에게 목적으로 나타나는 것이 무엇이든, 이러한 목적을 결정하는 것이 본성만이 아니라 각자에게 좌우되는 부분도 있다고 주장하든, 아니면 목적이 본성에 따라 주어지기는 하지만 좋은 사람은 그 목적을 이루기 위한 수단을 자발적으로 선택하므로 덕은 자발적이라고 주장하든 등등 그 어떤 경우든 악덕 역시 덕만큼이나 자발적이다. 목적을 결정하는 것까지는 아니더라도 적어도 특정한 행위를 선택하는 데 있어서 나쁜 사람에게도 좋은 사람과 마찬가지로 자기 자신에 달린 부분이 존재하기 때문이다. 따라서 만약 세간에서 인정하듯이 덕이 자발적이라면 악덕 역시 자발적일 것이다. 왜냐하면 우리 자신은 어떻든 우리가 지닌 성품의 부분적인 원인이고 우리가 어떤 성품을 지닌 사람인가에 따라서 우리가 세운 목적도 달라지는데, 이 모두가 덕과 악덕에 똑같이 적용되기 때문이다.

이상으로 우리는 덕 일반의 본성이 무엇인지를 개략적으로 살펴보았다. 즉 덕은 중용이자 성품이고, 사람이 본성적으로 덕을 낳는 행위를 하도록 만드는 경향이 있으며, 우리에게 달려 있고 자발적이면서 이성이 정한 대로 행한다는 것이다. 하지만 행위는 성품과 똑같은 방식으로 자발적이지 않다. 우리가 개별적인 상황을 알고 있을 때 우리는 처음부터 끝까지 우리 행위의 주인이지만, 성품의 경우 우리는 오직 시작할 때만 주인일 뿐이고 질병과 마찬가지로 그러한 성격이 점진적으로 어떻게 진행되어 갈지 알지 못하기 때문이다. 하지만 이렇게 행하고 행하지 않고는 우리에게 달려 있으므로 성품도 자발적이다.

이제 몇 가지 덕을 골라서 그러한 덕이 무엇이고, 그 대상은 무엇이며, 그러한 대상을 어떻게 다루는지를 살펴보자. 그렇게 하면 동시에 얼마나 많은 덕이 존재하는지도 분명해질 것이다.

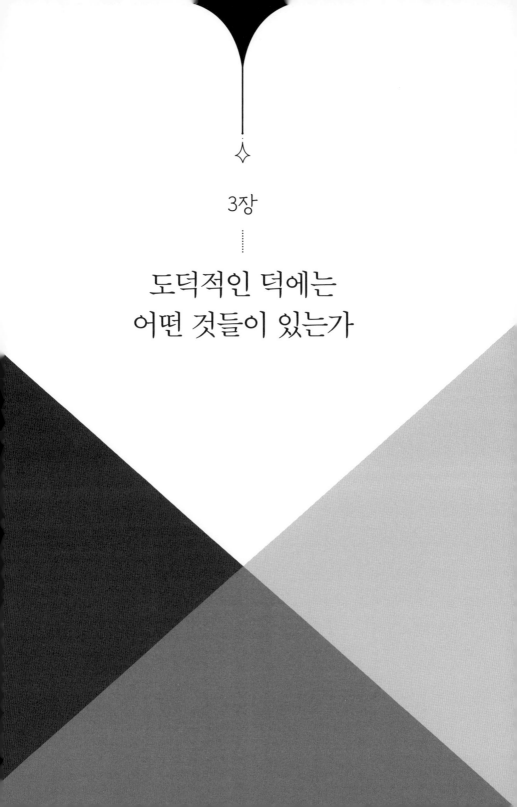

3장

도덕적인 덕에는
어떤 것들이 있는가

용기:
두려움이 없는 것

첫 번째로 용기에 대해서 살펴보자. 두려움이나 대담함이라는 감정과 관련해서 중용이 존재한다는 점은 이미 언급했다. 두려움은 두려운 대상으로 촉발되는 것이 분명하고, 거칠게 말하자면 이러한 대상은 나쁜 것이다. 그래서 두려움은 종종 나쁜 것에 대한 예감으로 정의되기도 한다.

우리는 모두 나쁜 것, 예컨대 불명예, 가난, 질병, 고독, 죽음 따위를 두려워한다. 하지만 용기가 나쁜 것 모두와 관련이 있지는 않다. 실제로 마땅히 두려워해야 할 대상이 있고, 이를 두려워하는 것은 고귀하지만 이를 두려워하지 않는 것은 수치스러운 일이다. 불명예가 그렇다. 불명예를 두려워하는 사람은 훌륭하고 겸손한 사람이며, 이를 두려워하지 않는 사람은 파렴치한 사람이다. 때로 용기 있다는 말을 확장해서 불명예를 두려워하지 않는 사람에게까지 쓰는 사람도 있기는 하다. 용기는 두려움이 없는 것이고, 따라서 두려움이 없다는 점에서는 불명예를 두려워하지 않는 사람도 비슷하기 때문이다.

우리는 가난이나 질병, 그리고 일반적으로 악덕에서 비롯된 것이 아닌 것과 자기 자신에게서 기인하지 않은 것을 두려워해서는 안 된다. 하지만 이런 걸 두려워하지 않는다고 해서 용기가 있는 것은 아니다. 비록 서로 유사성이 있으니 그런 사람에게 용기 있다는 말을 쓰지만 말이다. 실제로 전쟁의 위험 앞에서는 비겁하면서도 돈 쓰는 일에는 너그럽고 대담한 사람이 있다. 또한 처자식이 모욕이나 시기 등을 당할까 두려워한다고 해서 비겁한 것도 아니요, 채찍질을 당하게 생긴 상황에 마음이 흔들리지 않는다고 해서 용기 있는 것도 아니다.

그렇다면 용기 있는 사람은 어떤 종류의 두려움 앞에서 자기 자질을 드러내 보일까? 물론 자신에게 가장 두려운 것일 테다. 용기 있는 사람보다 가장 두려운 것을 잘 견뎌낼 수 있는 사람은 없으니까 말이다. 하지만 모든 것 가운데 가장 두려운 것은 죽음이다. 죽음은 끝이고, 사람이 죽으면 그에게 좋은 것이나 나쁜 것은 더 이상 존재하지 않는 듯하기 때문이다. 가령 물에 빠져 죽거나 병들어 죽는 것처럼, 죽음조차 모든 경우에 용기를 발휘할 기회를 주지는 않는 것 같다.

그렇다면 어떤 경우일까? 가장 고귀한 죽음일 테고, 그런 죽음은 전쟁에서 죽는 것이다. 이러한 죽음은 가장 크고, 가장 고귀한 위험 속에서 벌어진다. 그래서 국가와 군주는 이러한 죽음을 높여 기린다. 고귀한 죽음, 즉 죽음이 뒤따르는 온갖 위급한 사태에 두려움 없이 맞서는 사람은 진정한 의미에서 용기 있는 사람이라 불려 마땅하다. 그리고 이러한 위급한 사태는 대부분 전쟁에서 벌어진다.

물론 바다에 빠져 죽거나 병에 걸려 죽는 경우라도 용기 있는 사람이라면 두려워하지 않겠지만, 그 방식은 선원과 다르다. 용기 있는 사람은 살 수 있으리라는 희망을 버리고 이런 식의 죽음을 생각하고서는 몸서리를 치겠지만, 선원은 자기 경험을 살려 어떻게든 살아야겠다는 희망을 품기 때문이다. 더욱이 우리는 용맹함을 보일 기회가 있거나 고귀하게 죽을 수 있을 때는 용기를 발휘하지만, 바다에 빠져 죽는 것과 같은 식의 죽음에는 고귀함도 용맹함도 발휘할 여지가 없다.

용기, 비겁, 무모는
어떻게 다른가

　모두가 같은 대상에 두려움을 느끼지는 않지만, 우리는 흔히 인간의 힘으로 감당 불가능한 두려움의 대상이 있다고들 한다. 그러한 대상은 양식 있는 모든 이에게서 두려움을 불러일으킨다. 하지만 인간의 힘으로 감당할 만한 두려움의 대상은 그 크기나 정도가 다르고, 대담함을 불러일으키는 대상 역시 마찬가지다.

　용기 있는 사람은 사람이 할 수 있는 한에서는 굴하지 않는다. 물론 사람이 감당할 수 있을 만한 대상을 두려워할 수는 있지만, 고귀함을 위해서는 마땅히 해야 하는 것으로 이성이 명하는 바에 따라 그러한 대상을 마주한다. 이것이 덕의 목적이기 때문이다. 그런데 이러한 대상을 너무 많이 두려워할 수도 있고, 너무 적게 두려워할 수도 있으며, 실제로는 두렵지 않은 것을 두려운 것으로 받아들일 수도 있다. 사람은 때로는 두려워하지 않아도 될 것을 두려워하고, 때로는 잘못된 방식으로 두려워하거나 아니면 두려워하지 않아야 할 때 두려워하는 등의 잘못을 범한다.

이 모든 것은 대담함을 불러일으키는 대상에도 마찬가지로 적용된다. 따라서 마땅히 두려워해야 할 대상을 올바른 동기에서 올바른 방식으로 올바른 때에 두려워하고, 이를 감내하며 똑같은 조건에서 대담함을 발휘하는 사람이 용기 있는 사람이다. 용기 있는 사람은 무엇이든 사안의 가치에 따라서 이성이 지시하는 방식으로 느끼고 행동하는 사람이기 때문이다.

모든 활동의 목적은 그에 상응하는 성품과 일치하는 것이다. 이는 용기 있는 사람을 비롯해 그 밖의 사람에게도 그대로 적용된다. 그런데 용기는 고귀하다. 그래서 그 목적 또한 고귀하다. 각각의 활동이 그 목적에 의해서 규정되기 때문이다. 용기 있는 사람이 용기가 이끄는 대로 감내하고 행동하는 것은 바로 고귀한 목적을 위해서다.

과한 사람 중에서 두려움 없음이 과한 사람을 일컫는 이름은 없다. 반면에 실제로 두려워해야 할 대상에 대해 대담함이 과한 사람은 무모한 사람이다. 그런데 무모한 사람은 허세가 심하고 자기에게 없는 용기를 있는 척하는 사람으로 여겨지기도 한다. 여하간 무모한 사람은 위험 앞에서 용기 있는 사람이 진정으로 보여주는 모습을 자기 역시 보여주기를 바라면서 할 수만 있다면 용기 있는 사람을 모방한다. 그래서 무모한 사람은 무모함과 비겁함이 뒤섞여 있는 경우가 대부분이다. 이런 상황에서 무모한 사람은 대담함을 발휘하지만, 진정으로 두려운 대상 앞에서는 끝까지 견뎌내지 못하기 때문이다.

두려움이 과한 사람은 겁쟁이다. 그런 사람은 두려워해서는 안 될 것을 그릇된 식으로 두려워할뿐더러 두려움과 관련해서 온갖 비슷한 잘못을 범한다. 게다가 그런 사람은 대담함이 부족하고 고통스러운 상황에서 두려움이 과하다는 사실을 두드러지게 드러낸다. 그래서 겁쟁이는 모든 것을 두려워하기에 매사에 절망한다. 반면에 그 성향상 용기 있는 사람은 정반대다. 대담함은 희망에 찬 사람을 보여주는 징표이기 때문이다.

이렇듯 겁쟁이, 무모한 사람, 용기 있는 사람은 모두 같은 대상과 관련이 있지만 그런 대상에 대해 서로 다른 성향을 드러내 보인다. 겁쟁이는 두려움이 과하고 무모한 사람은 두려움이 부족하지만 용기 있는 사람은 올바른 입장인 중용을 지킨다.

무모한 사람은 성급히 굴면서 위험이 찾아오기를 바라지만 막상 위험이 닥치면 뒤로 물러선다. 반면에 용기 있는 사람은 위험에 처하기 전에는 아주 침착하다가 위험에 처하면 기민하게 행동한다.

따라서 용기는 대담함이나 두려움을 불러일으키는 대상과 관련해 우리가 앞에서 구체적으로 언급한 상황에서 중용을 지키는 것이고, 그렇게 하는 것이 고귀한 것이거나 그렇게 하지 않는 것이 수치스러운 일이기에 그렇게 하기로 선택하거나 그 일을 견뎌낸다. 그러나 가난이나 사랑에서 벗어나는 도피처로 죽음을 택하는 것은 용기 있는 사람이 아니라 오히려 겁쟁이가 하는 행동이다. 어려움에서 도망치는 것은 유약함이고, 그런 사람은 죽음이 고귀해서가 아니라 악덕에서 벗어나려고 죽음을 기꺼이 감내하는 것이다.

용기라 불리지만
용기가 아닌 것들

앞서 말했듯 비록 용기가 대담함과 두려움이라는 감정 모두와 관련이 있어도 같은 정도는 아니며, 두려움을 불러일으키는 것과 더 큰 관련이 있다. 두려움 앞에서 흔들림 없이 마땅히 해야 하는 대로 행동하는 사람이, 대담함이 필요한 상황에서 흔들림 없이 마땅히 해야 하는 대로 행동하는 사람보다 진정으로 용기 있는 사람이기 때문이다.

또한 그런 사람은 고통스러운 것을 견뎌내기에 '용기 있다'고 불린다. 용기에는 고통이 따르고, 이를 칭송하는 일은 정당하다. 즐거움을 삼가는 일보다 고통스러운 일을 견뎌내는 것이 더 어렵기 때문이다. 물론 그렇다고 용기가 추구하는 목적이 즐거움이 아니라는 말은 아니다. 가령 운동경기의 경우에 그런 것처럼 부수적인 상황에 가려져 눈에 띄지 않을 뿐이다. 예컨 대 권투선수가 목적으로 삼는 일은 면류관과 명예라는 즐거움 이지만, 그들 또한 피와 살로 이루어진 사람이다 보니 경기 중 에 얻어맞으면 괴롭고 이들이 겪는 모든 훈련의 과정 또한 그 렇다. 그러나 상대의 주먹과 훈련은 고통이 크지만 이루려는 목적은 작기에 그러한 목적에 담긴 즐거움은 거의 드러나지 않 는다.

따라서 용기의 경우와 비슷하다면 죽거나 다치는 일은 용기 있는 사람에게도 고통스럽고 바라지도 않는 일이지만, 그렇게 하는 것이 고귀한 일이고 그렇게 하지 않는 것은 수치스러운 일이기에 그러한 죽음과 부상을 견뎌내는 것이다.

용기 있는 사람은 덕을 완벽하게 지니고 있어서 행복하면 할 수록, 죽음을 생각하면 더 고통스러울 것이다. 이런 사람에게 도 산다는 게 다른 어떤 것보다 더 가치 있겠지만, 이를 알면서 도 가장 좋은 것을 잃는 일은 고통스럽기 때문이다. 그런 사람 이 고통을 느낀다고 해서 용기가 부족한 게 아니다. 오히려 그 런 고통에도 불구하고 전쟁터에 나가 이 모든 좋은 것 대신에 고귀한 행동을 선택하기에 훨씬 더 용기 있는 것이다.

그러므로 덕을 발휘해 그 목적을 이루는 경우를 제외하면

'덕을 행하는 일이 즐겁다'는 말이 모든 덕에 적용되지는 않는다. 그렇다고 해서 이런 성품을 지닌 사람보다, 용기는 조금 부족해도 잃어버릴 좋은 것이라고는 하나도 없는 사람이 더 유능한 군인이 되지 못할 이유는 없다. 왜냐하면 이런 사람은 위험에 대담히 맞서고 주저 없이 헐한 이익과 자기 목숨을 맞바꾸기 때문이다.

용기에 대해서는 이 정도로 설명을 마무리하자. 앞서 말한 것이면 개괄적으로나마 용기의 본성을 알아내기는 어렵지 않을 것이다.

절제:
신체적인 즐거움과 관련이 있다

용기에 이어, 이제 절제라는 도덕적인 덕에 관해 이야기해보자. 우리 본성 가운데 용기와 절제는 이성적이지 않은 부분의 덕으로 보이기 때문이다. 우리는 이미 앞에서 절제가 즐거움과 관련된 중용이라고 말했다. 즉 절제는 고통과 그다지 큰 관련이 없고, 고통과 관련된 방식도 다르다. 무절제 또한 같은 영역에서 그 모습을 드러낸다. 따라서 절제와 무절제가 어떤 종류의 즐거움과 관련이 있는지 살펴보자.

우선 신체의 즐거움과 명예나 배움에 대한 사랑 같은 영혼의 즐거움을 구분할 수 있겠다. 명예나 배움을 사랑하는 사람은 자신이 사랑하는 것에서 즐거움을 느끼지만, 이러한 즐거움이 영향을 주는 대상은 그 사람의 영혼이지 신체가 아니다. 이러한 즐거움과 관련이 있는 사람을 절제력 있다거나 무절제하다고 하지 않는다. 신체적 즐거움 외의 즐거움과 관련된 사람도 마찬가지다. 수다나 이야기하기를 좋아하고 하루 종일 시시콜콜한 잡담으로 시간을 보내는 사람을 수다쟁이라고 하지 무절제하다 하지 않고, 돈이나 친구를 잃고 고통스러워하는 사람을 무절제하다 하지 않는다.

절제가 신체적 즐거움과 관련이 있다는 점은 분명하지만, 그렇다고 모든 신체적 즐거움이 그런 것은 아니다. 색깔이나 형태나 그림처럼 눈으로 보이는 시각의 대상에서 기쁨을 느끼는 사람을 절제력 있다거나 무절제하다고 하지 않는다. 하지만 이러한 기쁨에도 마땅한 정도가 있고, 또 과하거나 부족한 정도가 있지 싶다. 이는 청각의 대상에 대해서도 마찬가지다. 음악이나 연극에서 지나칠 정도로 과한 기쁨을 느끼는 사람을 무절제하다고 하지 않을뿐더러, 음악이나 연극에서 합당한 정도의 기쁨을 느낀다고 해서 절제력 있다고 하지도 않는다.

또한 절제력 있다거나 무절제하다는 말은, 그것이 우연이 아니라면 냄새에서 기쁨을 느끼는 사람에게도 적용되지 않는다. 과일이나 장미나 향초의 냄새에서 기쁨을 느끼는 사람을 무절제하다고 하지 않지만, 향수나 요리 냄새에서 기쁨을 느끼는 사람은 무절제하다고 한다. 이렇게 향수나 요리 냄새에서 기쁨을 느끼는 사람은 그 냄새를 통해 자기가 욕망하는 다른 대상을 연상하기에 무절제하다. 우리는 배고플 때 음식 냄새를 맡으면 기쁨을 느끼는 사람을 보기도 하는데, 이런 종류의 대상에서 기쁨을 느끼는 것은 무절제한 사람임을 여실히 보여준다. 그 사람에게는 그것이 욕구의 대상이기 때문이다.

　게다가 우연한 경우를 제외하면 인간 이외의 다른 동물에게는 그러한 감각과 관련된 즐거움이 존재하지 않는다. 예컨대 개는 토끼의 냄새를 맡고 기뻐하는 게 아니라 잡아먹을 수 있다는 사실에 기뻐하며, 냄새는 그저 토끼가 거기 있음을 알려줄 뿐이다. 사자는 황소 울음소리를 듣고 기뻐하는 게 아니라 잡아먹을 수 있다는 사실을 기뻐하며, 울음소리를 듣고 황소가 가까이 있음을 알아차리기에 그 울음소리에 기뻐하는 것처럼 보일 뿐이다. 마찬가지로 사자는 사슴이나 야생 염소를 보고 기뻐하는 게 아니라 잡아먹을 수 있다는 사실에 기뻐한다.

　절제와 무절제는 인간이나 다른 동물이 다 함께 누리는 그런 즐거움과 관련이 있다. 그래서 이러한 즐거움은 노예처럼 맹종하는 것이거나 동물적인 것 같고, 촉각과 미각에서 비롯된다. 하지만 미각은 여기서 아주 작은 역할을 하거나, 어쩌면 아무

역할도 하지 못하는 듯하다. 미각은 포도주 감별사나 요리사가 하는 일처럼 맛을 구별하는 일을 한다. 하지만 이들이 이렇게 감별하면서 기쁨을 느끼는 일은 드물다. 적어도 무절제한 사람은 그 일에서 기쁨을 느끼지 못하고, 실제로 이들이 누리는 것은 먹고 마시고 성교하는 것처럼 모든 경우에 촉각을 통해서 얻는 즐거움이다. 이것이 바로 어떤 미식가가 자기 목구멍이 황새보다 더 길어졌으면 하고 기도를 한 이유이며, 이는 그 미식가가 촉각을 통해서 즐거움을 얻는다는 사실을 암시한다.

무절제와 관련된 감각은 가장 널리 공유되는 감각이고, 이런 감각이 인간적 본성이 아니라 동물적 본성으로 우리에게 더해진 것이기에 심한 비난을 받는다 해도 정당해 보인다. 이런 대상에서 기쁨을 얻고 다른 어떤 것보다 이런 것을 좋아하는 일은 동물적이다. 그러나 촉각에서 얻는 즐거움으로 더 남성적인 종류의 것, 이를테면 체육관에서 몸을 단련하고 그 결과로 생기는 열기에서 느끼는 즐거움은 여기서 제외된다. 무절제한 사람에게 특유한 촉각은 그의 신체 전체가 아니라 특정한 부분에만 영향을 미치기 때문이다.

욕망을 좇아 즐거움이 과하면
무절제이다

인간의 욕망 중에서 어떤 욕망은 공통적이고, 또 개인 특유의 어떤 욕망은 후천적으로 습득된 듯하다. 예컨대 식욕은 본성적이다. 사람은 먹을 음식이나 마실 음료가 없으면 이 중 하나 혹은 둘 다를 간절히 욕망한다. 호메로스가 말했듯이 건장한 젊은이라면 잠자리를 간절히 욕망하기도 한다. 하지만 그렇다고 해서 모든 사람이 이러저러한 특별한 방식으로 자기 욕망을 충족시키길 바라지도 않을뿐더러 모두가 같은 것을 욕망하지도 않는다.

따라서 이러한 욕망은 개인에게 고유한 것으로 보인다. 하지만 물론 이런 욕망에도 본성적인 부분이 있다. 사람은 각자 서로 다른 대상에서 즐거움을 얻고, 어떤 대상은 모두에게 다른 대상보다 더 큰 즐거움을 주기 때문이다.

우리 본성에 따른 공통의 욕망에 대해서는 잘못을 범하는 사람이 거의 없는데, 잘못을 범하더라도 과함이라는 오직 한 방향에서만 그렇다. 우리 앞에 차려진 것이면 무엇이든 더 이상 버틸 수 없을 때까지 먹고 마시는 것은 양과 관련된 본성에서 과한 일이고, 이는 결핍을 다시 채우는 것이 인간의 본성적인 욕망이기 때문이다. 그래서 우리는 적정한 양을 넘어 음식을 탐해 자기 배를 채우는 사람을 일컬어 탐식가라고 한다. 이렇게 탐식가가 되는 사람은 전적으로 노예적인 성품을 가진 사람이다.

반면 개인에게 특유한 즐거움과 관련해서는 많은 사람이 온갖 방식으로 잘못을 범한다. 어떤 사람이 이러저러한 것을 중독적으로 좋아하는 사람이라고 불리는 이유는 이들이 기뻐하지 말아야 할 대상에서 기쁨을 얻거나 대부분이 얻는 것보다 더 큰 기쁨을 얻거나 잘못된 방식으로 기쁨을 얻기 때문이다. 무절제한 사람은 세 가지 방식으로 과하다. 무절제한 사람들은 혐오스러운 것이기에 그것에서 기쁨을 얻어서는 안 되는데도 기쁨을 얻고, 자신이 기쁨을 얻는 게 잘못이 아닌 것에서 기쁨을 얻지만, 거기에서 적절한 것보다 많이 그리고 보통 사람보다 더 큰 기쁨을 얻는다.

즐거움이 과하면 무절제이고, 이러한 무절제가 비난받을 만한 것이라는 점은 분명하다. 하지만 그에 대응하는 고통은 용기와는 경우가 다르다. 고통을 의연히 맞이한다고 해서 절제력이 있다고 하지 않으며, 그렇게 하지 않는다고 해서 무절제하다고 하지도 않는다. 무절제한 사람이 그렇게 불리는 까닭은 그가 즐거움을 주는 대상을 얻지 못했을 때 마땅히 느껴야 하는 것 이상으로 고통을 느껴서이고(그 고통은 그가 느끼는 즐거움의 결핍에 원인이 있다), 절제력 있는 사람이 그렇게 불리는 까닭은 즐거움이 없거나 그러한 즐거움을 삼가면서도 고통을 느끼지 않아서다.

따라서 무절제한 사람은 즐거움을 주는 모든 것이나 가장 큰 즐거움을 주는 것을 욕망하고, 그러한 자신의 욕망에 이끌려 다른 모든 것보다 그러한 것을 선택한다. 그러한 것을 얻지 못해도 계속 고통스럽고, 그것을 욕망하기만 해도 고통스럽다. 어떤 욕망이든 고통을 수반하기 마련인 탓이다. 그렇다고 해서 즐거움 때문에 고통스럽다는 건 이상해 보인다.

즐거움과 관련해 부족함이 있고, 그러한 즐거움에서 자신이 마땅히 느껴야 할 기쁨보다 더 적게 기뻐하는 사람은 좀처럼 찾아보기 힘들다. 이런 종류의 무감각함은 인간 본성에서 드물다. 심지어 다른 동물조차 먹거리를 구별하는데, 어떤 먹거리에는 기뻐하고 다른 먹거리에는 기뻐하지 않는다. 아무것에서도 즐거움을 느끼지 못하고 자신에게는 이것이든 저것이든 아무 차이도 없다고 생각하는 존재가 있다면, 가장 인간적이지 않은 존재일 것이다. 이러한 종류의 사람은 거의 존재하지 않기에 그를 부르는 이름도 없다.

절제력 있는 사람은 이렇게 즐거움을 주는 대상과 관련해 중용을 지킨다. 그 사람은 무절제한 사람이 가장 기뻐하는 대상이나, 일반적으로 즐거움을 느껴서는 안 되는 대상이나, 과하다면 어떤 대상에서도 즐거움을 느끼지 않으며 오히려 경멸한다. 또한 즐거움을 주는 대상이 없더라도 고통을 느끼거나 욕망하지 않으며, 욕망하더라도 오직 적정한 수준에서만 욕망할 뿐 그 이상으로 욕망하지 않으며, 욕망을 가져서는 안 될 때는 욕망하지 않는다.

반면 즐거움을 주면서 동시에 건강과 몸에 좋은 대상에 대해서는 적절한 수준에서 올바른 방식으로 욕망하며, 그 밖에 즐거움을 주는 대상에 대해서도 그러한 대상이 해롭지 않거나 고귀한 것과 양립 불가능하지 않거나 자신의 수단을 넘어서지 않는 한 적절한 수준에서 올바른 방식으로 욕망한다. 이러한 조건을 무시하는 사람은 즐거움을 본래 가치 이상으로 좋아하는 사람이지만, 절제력 있는 사람은 그렇게 하기가 쉽지 않고 올바른 이성이 이끄는 대로 따른다.

무절제는
비겁함보다 더 자발적이다

무절제는 비겁함보다 더 자발적인 것으로 보인다. 또한 무절제는 즐거움에서 비롯되지만, 비겁함은 고통에서 비롯된다. 즐거움은 우리가 택하려는 대상이고, 고통은 우리가 피하려는 대상이다. 고통은 이를 느끼는 사람의 본성을 틀어지게 하고 파괴하지만, 즐거움은 전혀 그렇지 않다. 따라서 무절제가 더 자발적이다. 그렇기에 무절제는 비겁함보다 더 큰 비난을 받아 마땅하다. 삶에는 즐거움을 주는 대상이 많고, 그러한 대상에 익숙해지는 과정에는 위험이 전혀 없어서 이렇게 즐거움을 주는 대상에 익숙해지기가 훨씬 쉽다. 하지만 두려움을 주는 끔찍한 대상에 대해서는 정반대다.

비겁함이라는 성품과 이 성품에서 비롯한 비겁한 행위는 자발적이지만, 그 자발성의 정도가 서로 다른 듯하다. 비겁함 그 자체에는 고통이 없지만, 비겁한 행위를 하면서 우리는 고통으로 정신을 차리지 못하기에 무기를 내던지고 도망치거나 다른 수치스러운 행위를 하게 된다. 따라서 우리가 하는 행위는 심지어 강제로 이루어지는 것처럼 보인다.

반면 무절제한 사람이 하는 개별적인 행위는 자발적이다. 욕구와 욕망에 따라 그러한 행위가 행해지기 때문이다. 그러나 무절제한 성품은 그렇지 않다. 무절제한 사람이 되기를 바라는 사람은 아무도 없을 테니 말이다.

무절제라는 말을 아이가 저지른 잘못에 쓰기도 하는데, 이는 무절제와 아이의 잘못에는 어느 정도 비슷한 점이 있기 때문이다. 여기에서 어느 쪽이 먼저고 어느 쪽이 나중인지는 전혀 중요치 않다. 다만 아이의 잘못이 무절제에서 나온 것은 분명하기에 이렇게 명칭을 바꿔 쓰는 것도 나쁘지 않은 듯하다. 수치스러운 대상을 욕망하고 빠르게 자라는 힘이 있는 대상에는 훈육이 필요하다. 욕망과 아이보다 이러한 특징이 두드러지게 드러난 곳은 없다. 실제로 아이들 역시 욕망이 하자는 대로 살고, 즐거움에 대한 욕망이 가장 강한 것도 바로 아이들이니까 말이다.

만약 아이의 욕망이 이성의 지배 원리에 복종하지 않는다면 이러한 욕망은 어떤 일도 서슴지 않을 것이다. 비이성적인 존재에게 즐거움에 대한 욕망은 온갖 방법으로 채워보려 해도 채워지지 않는다. 욕망은 충족되면 그 타고난 힘을 키워나가고, 그렇게 욕망이 크고 격렬해지다 보면 결국에는 이성을 밀어내기까지 한다. 그래서 욕망은 적절하고 적은 것이 바람직하고, 어떤 경우라도 이성에 반해서는 안 된다. 이것이 바로 훈육받아 유순해진 상태라는 말이 뜻하는 바다. 아이가 자신을 훈육하는 교사의 가르침에 따라 살아야 하듯, 욕망과 관련 있는 부분 역시 이성에 따라야 한다.

따라서 절제력 있는 사람에게서 욕망은 자신의 이성과 일치해야 한다. 욕망과 이성의 목적은 고귀한 것이고, 절제력 있는 사람은 올바른 대상을 올바른 방식으로 올바른 때에 욕망한다. 이것이 바로 이성이 지시하는 바이기도 하다.

4장

용기와 절제 외의
다른 도덕적인 덕들

후함:
적은 재물과 관련된 덕

　다음으로 이야기해볼 후함은 부나 재물과 관련된 중용이다. 후한 사람은 전쟁이나 절제력 있음이 칭송받는 상황이나 재판의 판결과 관련해 칭송받는 것이 아니라 재물을 베풀고 얻는 일, 특히 재물을 베푸는 일과 관련해서 칭송받는다. 여기서 부 또는 재물은 그 가치를 돈으로 측정할 수 있는 모든 것을 뜻한다.

　재물과 관련해서 과한 것은 헤픔이요, 부족한 것은 인색함이다. 우리는 언제나 인색함이라는 말을 적절한 수준 이상으로 재물에 신경을 쓰는 사람에게 쓰곤 하지만, 헤프다는 말은 종종 여러 악덕을 나타낸다. 또한 우리는 시끌벅적한 삶을 사느라 돈을 흥청망청 써버리는 무절제한 사람을 헤프다고 한다.

따라서 헤픈 사람은 하나 이상의 악덕을 함께 가지고 있기에 최악의 인물로 여겨진다. 그러나 이러한 용례가 이 말의 고유한 의미가 아니라는 점을 명심해야 한다. 헤프다는 말이 단 하나의 나쁜 특질, 즉 자기 재산을 낭비하는 특질을 가진 사람을 뜻하기 때문이다.

헤픈 사람은 자기 잘못으로 망한 사람이고, 삶은 재산이 있는지 없는지에 좌우된다고들 생각하기에 재산을 낭비하는 일은 자신을 망치는 일이다. 우리는 헤프다는 말을 이런 의미로 새겨 쓸 것이다. 그 쓰임새가 정해진 대상은 잘 쓰이기도 하지만, 또 잘못 쓰이기도 한다. 재물은 그 쓰임새가 정해져 있고, 쓰임새가 있는 대상을 가장 잘 사용할 사람은 그 대상과 관련된 덕이 있는 사람이다. 따라서 재물을 가장 잘 사용할 사람은 재물과 관련된 덕이 있는 사람이며, 이런 사람이 후한 사람이다.

재물의 쓰임새는 재물을 쓰고 받는 것이고, 재물을 얻고 지키는 것은 그 쓰임새라기보다는 소유와 관련이 있다. 그래서 정말 후한 사람이라면 재물을 얻어야 할 곳에서 얻고, 얻지 말아야 할 곳에서 얻지 않으며, 베풀어야 할 사람에게 재물을 베푼다. 덕의 특징은 남에게 제대로 받는 것보다 남에게 제대로 베풀고, 수치스러운 짓을 하지 않는 것보다 고귀한 일을 하는

데 있다. 남에게 베푼다는 것에는 제대로 주고 고귀한 것을 행한다는 의미가 담겨 있고, 남에게서 얻는다는 것에는 제대로 받고 수치스럽게 행동하지 않는다는 의미가 담겨 있음을 알아보기는 어렵지 않다.

감사가 향하는 대상은 기꺼이 베푸는 사람이지 부당하게 받지 않는 사람이 아니며, 칭송 또한 마찬가지로 부당하게 받지 않은 사람보다 기꺼이 베푸는 사람을 향한다. 즉 베풀기보다 받지 않는 쪽이 더 쉽다. 우리는 남의 것보다는 자기 것에 훨씬 더 인색하기 때문이다. 또한 베푸는 사람은 후하다는 소리를 듣지만, 남에게 받지 않는 사람은 정의롭다는 소리를 들을지는 몰라도 후하다는 칭송을 받지는 못한다. 반대로 남에게 받는 사람은 아무 칭송도 듣지 못한다. 모르긴 해도 유덕한 사람 중에서 후한 사람이 가장 크게 사랑을 받을 텐데, 이는 그 사람이 남에게 도움이 될뿐더러 그러한 도움은 그가 베푸는 데서 나오기 때문이다.

유덕한 행위는 고귀하며, 고귀한 것을 위해서 행해진다. 그렇기에 후한 사람도 다른 유덕한 이들처럼 고귀한 것을 위해 베풀고, 또 올바르게 베푼다. 즉 후한 사람은 베풀어 마땅한 사람에게, 베풀어 마땅한 만큼을, 마땅한 때에, 베푸는 행위에 따르는 다른 모든 조건을 지키면서 베풀 것이다. 또한 이렇게 베푸는 행위에는 어떤 즐거움이나 고통도 없을 것이다. 유덕한 행위는 즐거운 행위이거나 고통 없는 행위이며, 설령 고통이 있더라도 가장 적은 행위이니 말이다.

반면 베풀어 마땅하지 않은 사람에게 베풀거나, 고귀하지 않은 것을 위해 베풀거나, 그 밖에 다른 이유로 베푸는 사람은 후한 사람이 아니라 다른 이름으로 불린다. 베풀면서 고통을 느끼는 사람도 후한 사람이 아니다. 그런 사람은 고귀한 행위보다 재물을 더 좋아할 테고, 후한 사람이라면 그렇게 하지 않을 테니까 말이다.

받지 말아야 할 곳에서 받는 사람은 더 이상 후한 사람이 아니다. 그렇게 받는 행위는 재물에 목매지 않는 사람이 취할 행동은 아니기 때문이다. 후한 사람은 쉽게 요구하지도 않으며, 다른 사람에게 금전적 이익을 베푼 사람은 대개 그 돈을 서둘러 받으려 들지 않는다. 하지만 가령 자신의 소유물처럼 받아 마땅한 곳에서 나오는 것은 받는다. 그러한 행위가 고귀한 것이어서가 아니라 '베풀려면 무언가가 있어야 한다'는 필연성으로 그렇게 한다.

또한 후한 사람은 자신이 가진 재물을 허투루 다루지 않는다. 그런 재물이 있어야 다른 사람을 도울 수 있기에 아무에게나, 그리고 모두에게 베푸는 일을 삼간다. 그렇게 베푸는 일이 고귀한 경우에 마땅한 사람에게, 마땅한 때에, 베풀 만한 무언가가 자기에게 있어야 하기 때문이다. 후한 사람의 특징은 베풀어도 너무 과하게 베풀다 보면 자기에게 남는 게 거의 없다는 점이다. 자신을 돌보는 데 소홀한 게 후한 사람의 성정이니까 말이다.

후함이라는 말은 어떤 사람에게 재물이 얼마나 있는지에 비추어 상대적으로 쓰인다. 후함은 베푸는 것의 '많고 적음'이 아니라 베푸는 이의 성품에 달려 있는데, 이러한 성품은 베푸는 사람의 재물에 따라 상대적으로 드러난다. 따라서 적게 베풀더라도 가진 재물이 적으면 능히 후한 사람이라고 부를 만하다.

또한 자수성가한 사람보다 유산으로 재물을 물려받은 사람이 더 후하다고들 한다. 무엇보다도 그런 사람은 궁핍을 경험한 적이 없고, 부모나 시인에게서 볼 수 있듯이 누구든 자신이 손수 이루어낸 것에 특별한 애착을 갖기 때문이다.

후한 사람은 받고 모으는 게 아니라 베푸는 데 능하기에 재물은 그 자체로 가치 있는 게 아니라 베풀 수 있는 수단이어서 가치가 있다고 생각한다. 그래서 후한 사람이 부자가 되는 일은 어지간해서는 쉽지 않다. 게다가 부유할 만한 사람이 재물에 관해서는 복을 받지 못한 것을 두고서는 '운이 나빠서'라며 운을 탓하기도 한다. 하지만 그런 일이 일어나는 데는 그럴 만한 이유가 있는 법이다. 다른 것도 마찬가지지만, 재물을 얻기 위해 각고의 노력을 기울이지 않는 사람이 재물을 얻을 수 없는 법이니까 말이다.

그러나 아무리 후한 사람이라고 해도 베풀지 말아야 할 사람에게 베풀지 말아야 할 때는 베풀지 않는다. 이런 행위는 더 이상 후함에 따라 이루어진 행위가 아니고, 그런 식으로 재물을 쓰고 나면 정작 베풀어야 할 때는 베풀 게 하나도 남아 있지 않을 것이기 때문이다.

앞서 말했듯 자기 재물에 맞춰 베풀어야 할 대상에게 베푸는 사람은 후한 사람이고, 과하게 베푸는 사람은 방탕한 사람이다. 그렇기에 우리는 참주(고대 그리스의 폴리스에서 비합법적으로 독재권을 확립한 지배자 - 옮긴이)를 방탕하다 부르지 않는데, 이는 참주가 자기가 가진 재물의 정도를 넘어 과하게 베풀거나 쓰기란 쉽지 않아 보이기 때문이다.

후함은 재물을 베풀고 받는 일에서 중용이고, 후한 사람은 마땅한 때에 마땅한 대상에게 적든 많든 즐거운 마음으로 재물을 베풀거나 쓴다. 또한 후한 사람은 받아 마땅한 곳에서 받아 마땅한 만큼 받는다. 후함이라는 덕은 베풀고 받음의 중용이기에 이러한 덕을 가진 사람은 이 두 가지를 모두 올바르게 행한다. 바르게 베풀려면 바르게 받아야 하고, 바르지 않게 받는 것은 바르게 베푸는 것에 서로 반한다. 따라서 후한 사람은 바르게 받고, 바르게 베푸는 사람이다. 절대로 바르지 않게 받고서는 바르게 베풀 수 없다.

하지만 후한 사람이 생각지도 않게 올바른 것과 고귀한 것에 반하는 방식으로 재물을 썼다면 고통을 느끼기야 하겠지만, 그러한 고통은 심하지 않고 적절할 것이다. 마땅히 그래야 할 때 적절한 정도로 기쁨을 느끼고, 또 고통을 느끼는 것이 덕의 특징이기 때문이다.

또한 돈과 관련된 문제에서 후한 사람을 상대하기는 쉽다. 후한 사람은 돈에 큰 가치를 두지 않는 데다가, 베풀지 말아야 할 데에 베풀어서 고통을 느끼기보다는 베풀어야 할 데에 베풀지 못해서 괴로워하기에 그런 사람을 속이기란 어렵지 않다.

반면 헤픈 사람은 이와 관련해서도 잘못을 저지른다. 헤픈 사람은 즐거움을 느껴야 할 대상에서 즐거움을 느끼지도 않으며, 고통을 느껴야 할 대상에서 고통을 느끼지도 않으며, 올바른 방식으로 그렇게 하지도 않는다. 논의를 계속해 나가다 보면, 이 점이 더 분명해질 것이다.

우리는 앞에서 베풀고 받는 행위에 대해 헤픔은 과함이고, 인색함은 부족함이라고 말했다. 여기서 쓰는 것은 베푸는 것에 포함된다. 헤픔은 베풀고 받지 않는 일에는 과하고 받는 일에는 부족하지만, 인색함은 베푸는 일에는 부족하고 받는 일에 과하고, 오직 작은 일에서만 그렇다. 이러한 헤픔의 두 가지 특성은 보통 한 사람에게서 한꺼번에 나타나지는 않는다. 아무에게도 받지 않는 사람이 모두에게 베풀기란 쉽지 않으니 말이다. 보통의 사람이라면 베풀다가 재산이 바닥날 테고 이런 사람을 일컬어 헤프다고 한다.

그래도 이런 부류에 해당하는 사람은 인색한 사람보다는 적잖이 나아 보인다. 이러한 습성은 나이를 먹거나 가난해지면 쉽게 고쳐져 중용의 상태로 나아갈 수도 있기 때문이다. 또한 이렇게 헤픈 사람은 베풀고 받는 것을 삼가기에 그 특징이 후한 사람과 별반 다르지 않지만, 이런 일 중 어느 것도 올바른 방식으로 잘 해내지는 못한다. 따라서 습관을 들이거나 그 밖에 다른 방법으로 이러한 점을 바꾸면 베풀어야 할 사람에게 베풀고, 받지 말아야 할 곳에서 받지 않게 되어서 후한 사람이 된다. 이런 이유로 헤픈 사람이 나쁜 성품을 지녔다고 여겨지지는 않는다. 과하게 베풀고 과하게 받지 않는 일은 악한 사람이나 비열한 사람이 아니라 어리석은 사람임을 나타내는 징표이기 때문이다. 이런 방식으로 헤픈 사람이 인색한 사람보다 훨씬 낫게 여겨진다. 앞서 언급한 이유 때문이기도 하거니와 헤픈 사람은 많은 사람에게 도움이 되지만, 인색한 사람은 아무에게도, 심지어 자기 자신에게도 도움이 되지 않기 때문이다.

그러나 앞서 말했듯 헤픈 사람은 대부분 받지 말아야 할 곳에서 받고, 이런 점에서는 인색한 사람과 다르지 않다. 헤픈 사람이 걸핏하면 받지 말아야 할 곳에 재물을 받는 이유는, 쓰고는 싶은데 자기가 소유한 재물이 곧 바닥이 날 참이어서 뜻대로 쓰기가 쉽지 않아서다. 그래서 헤픈 사람은 다른 곳에서 재물을 조달받을 수밖에 없다. 동시에 헤픈 사람은 고귀한 것에는 전혀 신경 쓰지 않는 탓에 아무 거리낌 없이 아무 곳에서나 재물을 받는다. 더구나 헤픈 사람은 베풀겠다는 욕망만 있지, 필요한 재물을 어디에서 어떻게 얻을지는 털끝만큼도 신경 쓰지 않는다.

따라서 헤픈 사람이 베푸는 행위는 후한 것이 아니다. 그 자체가 고귀하지도 않거니와 고귀함을 목적으로 하지도 않을뿐더러 올바른 방식으로 베푸는 것도 아니니 말이다. 물론 헤픈 사람은 가난할 수밖에 없는 사람에게 베풀어 그를 부유하게 만들기도 하지만, 훌륭한 성품을 지닌 사람에게는 아무것도 베풀지 않으면서 자기에게 아부하거나 다른 즐거움을 주는 사람에게는 크게 베풀기도 한다. 그래서 헤픈 사람은 대부분 무절제하다. 이미 자기 돈을 나눌 준비가 되어 있으니 시끌벅적한 삶을 사느라 돈을 흥청망청 써버리기 쉽고, 고귀한 것을 위해서 삶을 꾸려나가지도 않다 보니 즐거움을 주는 것으로 마음이 기우는 탓이다. 따라서 헤픈 사람이 가르침을 받지 않는다면 우리가 앞에서 말한 그런 처지에 놓이게 되겠지만, 잘 보살펴 다루면 올바른 중용의 상태에 이르게 된다.

하지만 인색함은 고칠 수 없을뿐더러(나이를 먹고 능력이 없어지면 인색해진다고들 한다) 헤픔보다 더 타고난 것이다. 사람은 대체로 베풀기보다는 재물을 모으기를 더 좋아하니까 말이다. 인색함은 종류가 여럿이기에 지대한 영향을 미칠뿐더러 형태도 다양하다.

인색함은 베푸는 데는 부족하고 받는 데는 과한 것, 이 두 가지로 이루어지지만 모든 사람에게서 이 두 가지를 모두 찾아볼 수 있는 건 아니다. 받는 데 과한 사람도 있고, 베푸는 데 부족한 사람도 있다. 구두쇠, 짠돌이, 수전노 따위로 불리는 사람은 모두 부족하게 베풀지만, 남의 물건을 탐하거나 갖고 싶어 하지는 않는다. 어떤 사람은 일종의 염치 때문에, 아니면 수치스러운 일을 피하려고 이렇게 행동한다(어떤 사람은 장차 수치스러운 일을 당하지 않으려고 재물을 모아두는 듯하고, 실제로도 그렇다고 털어놓는다. 쩨쩨한 사람을 비롯해 그와 비슷한 부류의 사람이 전부 여기 해당한다. 이런 사람은 베푸는 일을 지나치게 꺼리기 탓에 그런 이름으로 불린다). 또한 남의 재물은 받으면서도 자기 재물을 남에게 주는 것은 어려워하며 아예 남의 재물에 손을 대지 않는다는 사람도 있다. 이러한 사람은 받지도 베풀지도 않는 것에 만족한다.

반면 아무 데서 아무것이나 받음으로써 과하게 받는 사람도 있다. 예컨대 뚜쟁이 같은 부류처럼 도덕적으로 지저분한 일을 하거나 고리대금업자처럼 높은 이자에 푼돈을 빌려주는 사람이 그렇다. 이런 사람들은 받지 말아야 할 곳에서 받아야 할 것보다 더 많이 받으며, 모두 도덕적으로 지저분할 것이 분명한 이득을 탐한다. 이들은 작은 이득이라도 얻으려고 기꺼이 비난을 감수한다. 우리는 이득을 취하면 안 되는 곳에서 정당하지 않은 이득을 크게 얻는 사람, 가령 다른 나라를 침략해 신전을 약탈하는 참주를 나쁘다거나 불경스럽다거나 불의하다고 하지 인색하다고 하지 않는다. 예컨대 야바위꾼이나 욕탕에서 옷이나 훔치는 좀도둑은 지저분한 이득을 탐하기에 인색한 자들로 여겨진다. 좀도둑과 야바위꾼은 자기 일을 하면서 이득을 위해 비난을 감수하는데, 좀도둑은 훔친 물건을 위해 아주 큰 위험을 감내하고, 야바위꾼은 자신이 주어야 할 같은 편에게서 도리어 이득을 얻는다. 즉 좀도둑과 야바위꾼은 둘 다 얻지 말아야 할 곳에서 이득을 얻으려 하기에 도덕적으로 지저분한 이득을 탐하는 자들이다. 따라서 이런 식으로 무언가를 받는 일은 인색한 것이다.

인색함을 후함의 정반대라고 하는 것은 옳다. 인색함은 헤픔보다 더 나쁘고, 사람은 우리가 앞서 헤픔이라고 설명했던 것에서 잘못을 저지르는 것보다 인색함과 관련해 잘못을 저지르기가 더 쉽기 때문이다. 후함과 그런 후함에 반대되는 여러 악덕에 대한 설명은 이 정도로 해두자.

통이 큰 것:
큰 재물과 관련된 덕

다음으로는 통이 큰 것에 대해서 말하는 게 적절해 보인다. 통이 큰 것 역시 재물과 관련된 덕으로 보이기 때문이다. 하지만 통이 큰 것은 후함과 마찬가지로 재물과 관련된 모든 행위가 아니라 지출과 관련된 행위로 국한되며, 그 규모에서 후함을 능가한다. 그 이름이 보여주듯이, 통이 큰 것은 큰 규모에 딱 알맞은 지출이기 때문이다. 하지만 규모가 크다는 말은 상대적이다. 트리에레스(고대 지중해 제국에서 널리 사용된 3단 갤리선 – 옮긴이)를 마련하는 데 드는 비용과 국가 사절단을 이끄는 데 드는 비용은 같지 않으니 말이다. 따라서 알맞다는 것은 행위자의 상황과 목적에 따라 상대적이다.

하지만 "나는 부랑자에게 많이 베풀었다"라는 시구에서처럼, 작거나 중간 규모에 걸맞은 지출을 한 사람을 통이 크다고 하지 않으며, 오직 큰 규모에 걸맞은 지출을 한 사람만 통이 크다고 한다. 통이 큰 사람은 후하지만, 후한 사람이라고 해서 꼭 통이 크지는 않다.

이런 성품이 부족하면 쩨쩨하다고 하고, 과하면 속물 성향이라거나 식견이 부족하다고 한다. 여기서 말하는 과함은 써야 할 곳에 너무 많이 썼다는 말이 아니라, 과시하려는 생각에 쓰지 말아야 할 곳에 옳지 않은 방식으로 썼다는 뜻이다. 이러한 여러 악덕은 나중에 이야기하도록 하자.

통이 큰 사람은 흡사 재능 있는 예술가와 같다. 통이 큰 사람은 알맞은 것이 무엇인지를 알기에 큰 금액을 고상하게 쓸 줄 안다. 우리가 처음에 말했듯 성품을 결정하는 것은 그러한 성품의 활동과 그러한 성품이 지향하는 대상이다. 통이 큰 사람은 크게 쓰지만 알맞으며, 그 결과도 그렇다. 금액도 많고, 결과에 알맞은 지출이 이루어지기 때문이다. 따라서 결과는 지출된 비용만큼의 값어치를 하거나 그 비용을 뛰어넘어야 하고, 지출된 비용은 그 결과만큼의 값어치를 하거나 그 결과보다 커서는 안 된다.

또한 통이 큰 사람은 고귀한 것에 큰돈을 쓰는데, 이것이 모든 덕에 공통된 것이기 때문이다. 게다가 통이 큰 사람은 흔쾌히 기쁜 마음으로 아낌없이 쓸 것이다. 꼼꼼한 계산은 쩨쩨한 것이니까 말이다. 결과를 만들어내는 데 얼마나 들고, 어떻게 하면 가장 싸게 결과를 만들어낼지보다 어떻게 하면 그 결과를 가장 아름답고 가장 어울리게 만들 수 있을지를 생각한다.

따라서 통이 큰 사람은 필연적으로 후한 사람일 수밖에 없다. 후한 사람 역시 써야 하는 곳에 올바른 방식으로 쓰기 때문이다. 이렇게 지출한 금액과 방식에서는 후한 사람이나 통이 큰 사람이나 다를 바 없지만, 후한 사람과 같은 금액을 쓰더라도 통이 큰 사람은 그 명칭에 걸맞게 결과에서 규모가 훨씬 크다. 소유물의 탁월함은 만들어진 결과물이나 작품의 탁월함과는 다르다. 가장 값어치 있는 소유물은 황금처럼 가장 비싼 것이라고 평가되지만, 가장 값어치 있는 작품은 위대하고 아름다운 것이라고 평가받는다. 그런 작품을 보면 감탄이 일 듯, 통이 큰 것도 역시 감탄을 불러일으킨다. 즉 결과물이나 작품의 탁월함은 통이 큰 것이고, 통이 큰 것은 그 크기와 관련이 있다.

또한 우리가 특별한 의미에서 명예롭다고 여기는 부류의 일에 쓰는 지출이 있다. 예컨대 신에게 바치는 봉헌물이나 신전을 짓거나 희생 제의를 치르는 것처럼 여러 신을 숭배하는 일에 쓰는 지출이나, 이와 마찬가지로 종교적 숭배와 고귀한 야심에서 비롯된 공적 의무, 가령 합창대를 꾸린다거나 트리에레스를 건조한다거나 국가 제전을 성대하게 치러야 하는 것처럼 세간에서 적절하다고 여기는 일에 쓰는 지출이 그렇다.

그러나 앞서 말했듯 이 모든 경우에 비용을 부담하는 사람을 존중해야 함은 물론이고, 그 사람이 누구인지 또 재산은 얼마나 되는지를 고려해야 한다. 지출은 돈을 쓰는 상황에 걸맞은 것이어야 하며, 그 결과뿐만 아니라 지출하는 사람에게도 적절해야 하기 때문이다.

그런 탓에 가난한 사람은 큰 금액을 쓸 수 있을 만한 충분한 재산이 없는 만큼 통이 큰 사람이 되지 못한다. 그럼에도 가난하면서 그렇게 돈을 쓰려고 하는 사람이 있다면, 그는 자기 재산에 걸맞게 쓰는 것이 아니고, 올바른 방식으로 쓰는 것도 아니다. 즉 어떤 행위가 덕이 있는 행위가 되려면 올바른 방식으로 행해져야 하기에 그는 어리석은 사람이다.

그렇게 큰 금액을 지출하는 일은 자수성가했거나 부모나 인척에게서 재물을 물려받았거나 태생이 좋고 명망 높은 집안에서 태어나 그런 지출을 감당하는 데 필요한 재물을 가진 사람에게나 어울린다. 이 모든 일이 그런 사람에게 위대함과 명예를 가져다주기 때문이다. 따라서 통이 큰 사람은 대체로 이런 부류에 속하고, 앞서 말했듯 통이 크다는 사실이 이런 종류의 지출에서 가장 제대로 드러난다. 이런 일과 관련된 지출이 가장 크고 가장 명예롭기 때문이다.

개인적인 지출 가운데서는 결혼식 등과 같이 평생 단 한 번 치르는 큰일에 돈을 쓰는 것이 통이 큰 지출에 가장 잘 들어맞는다. 나라 전체나 유력 인사가 관심을 보이거나, 다른 나라의 귀빈을 영접하고 환송하거나, 다른 나라에 선물을 보내거나 답례하는 일에 돈을 쓰는 일도 마찬가지다. 통이 큰 사람은 자신에 아니라 공적인 일에 돈을 쓰는데, 이들이 선사하는 돈은 신에게 바치는 봉헌물과 그 성격이 비슷하다.

또한 통이 큰 사람은 자기 재물에 걸맞은 집을 짓고(집도 일종의 공공 장식물이므로), 오래도록 지속될 작품에(이런 작품이 가장 아름다우므로) 더 많은 돈을 쓴다. 이렇듯 통이 큰 사람은 매사에 알맞은 돈을 쓴다. 신에 관한 일과 사람에 관한 일에는 똑같은 돈이 들지 않고, 신전을 짓는 일과 묘지를 만드는 일에도 똑같은 돈이 들지 않는다. 각각의 지출이 그 나름대로 클 수야 있겠지만, 큰일에 큰 금액을 지출하는 것이 가장 통이 큰 것이고, 어떤 일이든 큰 금액을 지출하는 것이 그다음으로 통이 큰 것이다. 결과물이 큰 것은 지출이 큰 것과 같지 않기 때문이다.

가장 아름다운 공이나 병은 그 가격이 비싸지 않고 보잘것없더라도 아이에게는 통이 큰 선물이다. 이와 같이 어떤 일이든 자기가 하는 일을 다른 사람이 대신해 그 결과를 뛰어넘기가 쉽지 않다는 의미에서, 통 크게 지출하고 쓴 돈에 걸맞은 결과물을 내놓는 게 통이 큰 사람다운 행동이라는 결론에 이른다. 따라서 이런 사람이 바로 통이 큰 사람이다.

우리는 과하게 쓰는 사람을 속물근성이 있다고 하는데, 이런 사람은 적절한 정도를 넘어서 쓰는 그만큼 과하다. 또한 이런 사람은 자기를 과시하려고 작은 돈을 써도 될 일에 큰돈을 쓰면서 꼴사나운 모습을 보이는데, 가령 자기가 교제하는 무리를 결혼식 피로연 수준으로 대접하고, 메가라(고대 그리스의 도시로, 신전을 짓는 데 열심이라는 측면에서 메가라 사람들이 유명했음 – 옮긴이) 사람이 그렇게 하듯 희극 경연에 나가는 합창대에게 자주색 옷을 입혀 무대에 세우기도 한다. 게다가 이런 사람은 고귀한 것을 위해서가 아니라 그저 자기 재물을 과시하려고 이 모든 일을 하면서 그렇게 해야 찬사를 받는다고 여길뿐더러 많이 써야 할 곳에 적게 쓰고, 적게 써도 될 곳에는 많이 쓴다.

반면 인색한 사람은 모든 일에서 부족하게 쓰고, 설령 큰돈을 쓰는 일이 있어도 푼돈을 아끼려다 결과물의 아름다움을 망친다. 이런 사람은 무슨 일을 하든 꼭 한 번 더 생각하고, 어떻게 하면 그 일을 하면서 가장 적게 쓸 수 있을지를 고민하며, 그렇게 적게 쓰고서도 불평을 늘어놓고, 자기는 모든 일을 하면서 불필요하게 큰돈을 쓰고 있다고 생각한다.

물론 이러한 성품이 악덕이기는 하지만, 다른 사람에게 해를 끼치는 것도 아니요 그렇게까지 꼴사나운 것도 아니다 보니 비난을 받지는 않는다.

자부심 :
큰 명예와 관련된 덕

　자부심은 그 명칭에서부터 큰 것과 관련이 있다. 우선 이러한 큰 것이 무엇인지부터 살펴보자. 자부심이라는 성품 자체를 살펴보든, 아니면 그러한 성품을 드러내는 사람을 살펴보든 별 차이는 없다. 자부심이 강한 사람은 스스로 큰일을 할 사람이라 생각할뿐더러 실제로도 그런 사람으로 여겨진다. 자기 능력을 넘어서 그렇게 한다면야 어리석은 노릇이겠지만, 덕에 따라 행하는 사람은 절대로 어리석지 않다.

　따라서 우리가 방금 말한 사람이 자부심 강한 사람이다. 작은 일을 감당할 만하고 자신도 그렇게 생각하는 사람은 절제력은 있어도 자부심이 강한 사람은 아니다. 마치 아름다움이 큰 신체를 함축하고 있듯이, 자부심도 무엇인가 큰 것을 함축하고 있다. 몸집이 작은 사람은 오목조목하고 비율이 좋을 수는 있어도 아름답다고 하지는 않는다.

반면에 스스로 큰일을 능히 감당할 만하다고 생각하지만, 실제로는 그런 일을 감당하지 못하는 사람은 허영심이 강한 사람이다. 하지만 실제로 감당할 수 있는 것보다 큰일을 감당할 수 있다고 생각한다고 해서 모두 허영심이 강한 것은 아니다.

자기가 실제 감당할 수 있는 것보다 더 작은 일만을 감당할 수 있다고 생각하는 사람은 자존감이 낮은 사람이다. 자기 능력이 크거나 중간이거나 작거나 간에, 그보다 작은 일만 할 수 있다고 생각한다면, 그 사람 역시 자존감이 낮은 사람이다. 오히려 잘못은 그 능력이 큰 사람에게서 가장 크게 나타나는 것 같다.

그렇다면 실제 자기 능력이 작은 사람은 어떤 일을 할 수 있을까? 자부심이 강한 사람은 자기주장이 강하다는 면에서 극단이지만, 그러한 주장이 올바르기에 중용을 지키는 사람이다. 이런 사람은 자기가 할 수 있는 것을 할 수 있다고 주장하지만, 허세가 강한 사람이나 자존감이 낮은 사람은 자기가 할 수 있는 것과 관련해서 과하거나 부족하기 때문이다. 따라서 자부심이 강한 사람이 자기가 큰일을 할 수 있다고 하고 실제로도 그렇다면, 그리고 그러한 큰일이 큰일 중에서도 가장 큰 일이라면, 그는 특별한 한 가지 일과 관련이 있을 것이다.

진가(眞價)나 능력은 외적인 좋음과 관련이 있다. 외적인 좋음 중에서 가장 큰 것은 우리가 신들에게 바치는 것이자 높은 자리에 있는 사람이 가장 바라는 것이고, 가장 고귀한 행동에 수여되는 상인데, 이것이 바로 명예다. 명예는 분명히 외적인 좋음 중에서 가장 큰 것이다. 따라서 자부심이 강한 사람은 명예나 불명예와 관련해서 마땅히 해야 하는 방식으로 행동한다. 우리는 자부심이 강한 사람이 명예와 관련이 있다는 사실을 굳이 증명하지 않고서도 알 수 있다. 자부심이 강한 사람은 자신이 그런 명예를 얻을 만하다고 생각하고 실제로도 그렇다.

자존감이 낮은 사람은 자신의 주장과 능력을 비교하든, 아니면 자부심이 강한 사람의 주장과 비교하든 늘 부족함이 있다. 또한 허영심이 강한 사람은 자기 능력에 대해서는 과하지만, 자부심이 강한 사람의 주장을 뛰어넘지는 못한다.

자부심이 강한 사람은 가장 큰 일을 할 만한 사람이기에 가장 훌륭한 사람임이 틀림없다. 언제나 더 훌륭한 사람이 더 큰 일을 할만하고, 가장 훌륭한 사람이 가장 큰 일을 할만하니까 말이다. 그렇기에 진정으로 자부심이 강한 사람은 훌륭한 사람일 수밖에 없다. 모든 큰 덕은 자부심 강한 사람다운 특징이다. 팔을 휘저으며 위험으로부터 달아나거나 불의를 저지르는 일 따위는 자부심 강한 사람의 성품과는 어울리지 않는다. 만사가 하찮다고 여기는 사람이 대체 무슨 목적이 있어서 이런 꼴사나운 짓을 하겠는가? 우리가 하나씩 뜯어보면 '자부심 강한 사람이 훌륭하지 않다'는 생각이 얼마나 터무니없는 생각인지를 알 수 있다.

나쁜 사람이라면 명예를 얻을 가치가 없을 테다. 명예는 덕에 수여되는 상이고, 그 상을 받을 만한 훌륭한 사람에게 주어지기 때문이다. 따라서 자부심은 더없이 지고한 덕인 듯하다. 자부심이 크면 덕은 더 위대해지고, 덕이 없다면 자부심은 존재하지 못한다. 그래서 진정으로 자부심 강한 사람이 되기는 어렵다. 자부심은 성품이 고귀하고 훌륭하지 않고서는 불가능하기 때문이다.

자부심이 강한 사람의 경우, 특히 명예와 불명예의 문제에서 성품이 드러난다. 훌륭한 사람이 명예를 수여할 때 딱 자신이 받아야 할 만큼이거나, 아니면 그보다 적게 받는다고 여기기에 적절한 수준에서 기뻐한다. 이는 어떠한 명예도 완전한 덕에 걸맞을 리 없어서다. 그렇지만 그들이 그 사람에게 줄 수 있는 것 중에서 명예보다 더 큰 것은 없기에 그는 명예를 받아들인다. 하지만 평범한 사람이 주는 명예나 하찮은 이유로 주는 명예는 그가 받을 만한 것이 아니기에 철저히 무시한다. 또한 그는 불명예도 마찬가지로 무시한다. 자신에게 불명예를 안기는 것은 부당하기 때문이다.

앞서 말했듯 자부심이 강한 사람이 그 성품을 드러내는 곳이 바로 명예와 관련된 문제이기는 하지만, 그는 재물과 권력을 비롯한 온갖 행운과 불운에 관한 감정에서도 중용을 지키며, 자신에게 어떤 일이 닥치든 행운에 크게 기뻐하지도 않고, 그렇다고 불운에 크게 고통스러워하지도 않는다. 심지어 그는 명예조차 가장 큰 것으로 여기지 않는다. 권력과 재물을 바란다면 이는 명예를 위해서이고, 적어도 권력과 재물이 있는 사람은 그것을 통해 명예를 얻을 수 있길 바란다. 따라서 명예조차 대수롭지 않게 여기는 사람에게 권력이나 재물 역시 대수롭지 않기는 마찬가지다. 그런 탓에 자부심이 강한 사람은 거만해 보이기까지 한다.

세간에서는 행운이 주는 선물도 자부심에 한몫한다고 여긴다. 좋은 집안 출신이라면 명예를 누릴 자격이 있다고 여기며, 이는 권력이나 재물을 누리는 사람도 마찬가지다. 이런 사람은 우월한 위치에 있고, 좋은 것 중에서도 우월한 것은 더 큰 명예를 누린다. 또한 그런 태생이나 권력이나 재물을 누리는 사람은 더 큰 자부심을 얻게 된다. 그런 것을 가진 사람을 존경하는 사람도 있으니까 말이다. 물론 훌륭한 사람만 존경받아야 마땅하지만, 훌륭함과 행운이라는 두 가지를 가진 사람이 명예를 얻을 자격이 더 크다고들 생각한다.

　사실 그런 행운을 누리고 있으면서도 덕이 없는 사람이 위대한 일을 하겠노라고 하는 것도 옳지 않겠지만, 이런 사람을 자부심이 있다고 부르는 것도 적절치 않다. 완전한 덕이 없이는 둘 다 불가능하기 때문이다. 하지만 덕은 없으면서 그런 행운을 누리는 사람은 거만하고 오만불손한 사람으로 전락하기 쉽다. 덕이 없이는 그런 행운의 선물을 제대로 사용하기가 쉽지 않아서 이런 사람은 행운을 제대로 사용하지도 못할뿐더러 자신이 다른 사람보다 우월하다는 생각으로 남을 멸시하고 자기 마음 내키는 대로 처신한다. 심지어 자부심이 강한 사람을 좋아하지도 않으면서 자신이 할 수 있는 경우에는 자부심이 강한 사람을 흉내 낸다. 이들은 덕에 따라 행동하는 게 아니라 다른 사람을 멸시할 따름이다. 자부심 강한 사람이 남을 멸시하는 것은 그 사람이 올바르게 생각한 것일 테니 정당하다 하겠지만, 많은 사람은 닥치는 대로 남을 멸시한다.

자부심이 강한 사람은 사소한 위험에 급히 뛰어들지 않을뿐더러 가치 있다고 여기는 것도 거의 없어서 위험을 좋아하지도 않는다. 하지만 큰 위험에 기꺼이 맞서고, 위험에 처해서는 어떤 대가를 치르고서라도 살아야 한다고 여기지 않기에 자기 목숨을 아끼지 않는다.

자부심이 강한 사람은 도움을 베풀려고 하기에 도움받는 일을 부끄러워한다. 도움을 베푸는 것은 우월한 사람의 일이요, 도움을 받는 것은 열등한 사람의 일이기 때문이다. 또한 자부심이 강한 사람은 상대에게 도움을 받으면 받은 것보다 더 크게 되갚으려 한다. 그래야 자기에게 도움을 주었던 사람이 이제 빚진 사람이 되어 그에게서 도움을 받는 위치에 놓이기 때문이다.

더욱이 자부심이 강한 사람은 자기가 도움을 준 일은 기억하면서도 도움을 받은 일은 기억하지 못한다. 그 이유는 도움을 받은 사람은 도움을 준 자신보다 열등한 사람이고, 자부심 강한 사람은 우월한 사람이 되길 바라기 때문이다. 게다가 자신이 도움을 베푼 일은 즐겁게 듣지만, 도움을 받은 일은 언짢아하며 듣는다.

또한 자부심이 강한 사람은 남에게 도움을 요청하는 일이 전혀 없거나 거의 없지만, 남에게 도움을 베푸는 일에는 선뜻 나선다. 그리고 높은 자리에 있거나 행운을 누리는 사람을 향해서는 힘을 보이지만, 평범한 사람을 향해서는 겸손함을 보이는 게 자부심이 강한 사람다운 모습이다. 전자보다 우월해지기란 어렵고 고매한 일이지만 후자보다 우월해지기란 쉽고, 전자에게 힘을 보이는 일은 버릇없는 일이 일이 아니지만 후자에게 힘을 보이는 일은 약자를 상대로 힘을 과시하는 것이나 마찬가지로 천박하기 때문이다.

또한 명예롭기는 하지만 흔한 일이나 남이 뛰어난 일에는 함부로 뛰어들지 않고, 커다란 명예나 커다란 업적이 걸린 일을 제외하고는 일에 거리를 두고 피하며, 많은 일을 하는 게 아니라 주목을 받을 만한 큰일을 하는 것도 자부심이 강한 사람의 모습이다.

자부심이 강한 사람은 싫어하고 좋아하는 것을 그대로 드러낸다. 자신의 감정을 숨기는 것, 다시 말해 진실보다 세간에서 어떻게 생각할지에 더 신경 쓰는 것은 겁쟁이나 하는 짓이기 때문이다. 또한 자부심이 강한 사람은 거침없이 말하고 행동한다. 그는 매사에 개의치 않으므로 자유롭게 이야기하며, 대중에게 반어적으로 말하는 때를 제외하면 늘 진실을 말한다.

자부심이 강한 사람은 친구를 제외하고는 남에게 맞춰 자기 삶을 재단하지 않는다. 그런 삶은 노예적인 삶이니까 말이다. 이런 이유로 아첨꾼은 모두 비천한 사람이며, 자존감 없는 사람은 아부꾼이다.

자기에게는 그 무엇도 대단하지 않기에, 자부심 강한 사람은 쉽게 감탄하지도 않는다. 또한 자부심 강한 사람은 잘못을 마음에 담아두지 않는다. 특히 남이 자기에게 잘못한 일을 마음에 오래 담아두는 일은 자부심 강한 사람이 할 행동이 아니기에 오히려 남의 잘못을 눈감고 넘어간다.

또한 자부심 강한 사람은 다른 사람에 대한 험담도 좋아하지 않는다. 이들은 자기가 칭찬받는 일에도, 남이 비난받는 일에도 신경 쓰지 않기에 자기에 대해서나 남에 대해서 이야기하지 않는다. 마찬가지로 자부심 강한 사람은 남의 칭찬도 하지 않는다. 같은 이유로 남에 대해 나쁘게 말하려는 명백한 목적이 있는 경우를 제외하고는 설령 적이라도 헐뜯지 않는다.

자부심 강한 사람은 어쩔 수 없는 일이나 사소한 일에 관해서는 한탄하거나 남에게 도움을 청하지 않는다. 그런 일에 대해서 한탄하거나 남에게 도움을 청하는 일은 그런 문제를 심각하게 받아들이는 사람의 몫이기 때문이다. 이들은 이득이 있거나 유용한 것보다 이득은 없어도 고귀한 것을 가지려고 한다. 이것이 자기 혼자 힘으로 충분히 살아가는 사람에게 더 적합해서다.

더 나아가 자부심 강한 사람은 행동이 진중하고, 목소리는 중후하며, 말투에는 안정감이 있다. 진지하게 받아들이는 게 거의 없다면 서두를 가능성이 낮고, 자기에게 아주 대단한 일이 전혀 없어도 긴장하지 않는다. 긴장하면 목소리가 높아지고 동작이 빨라지니까 말이다. 바로 이런 사람이 자부심이 강한 사람이다. 이런 자부심이 부족하다면 자존감이 낮은 사람이고, 이런 자부심이 과하면 허영심이 강한 사람이다.

하지만 자존감이 낮거나 허영심이 강한 사람은 나쁜 짓을 하는 것은 아니고 그저 잘못을 저지르는 정도라서 이들을 나쁘다고는 하지 않는다. 단지 자존감이 낮은 사람은 능히 훌륭한 일을 해낼 만한 데도 스스로 그럴 기회를 걷어차버리고, 자기가 훌륭한 일을 해낼 만하다고 생각하지 않는다는 사실에 비춰볼 때 잘못된 면이 있는 사람일뿐더러 자신을 잘 모르는 사람인 듯하다. 그렇지 않았다면 자신이 능히 해낼 수 있었을 만한 일이 훌륭한 것이기에 그런 일을 바랐을 것이다. 그렇다고 이런 사람을 어리석다고 하지는 않으며, 위축되었다고들 한다. 그러나 이런 세간의 평판이 이들을 더욱 나쁜 상태로 만든다. 각계각층의 사람은 자기가 할 수 있을 만한 일을 추구하기 마련이고, 이런 사람은 스스로 고귀한 행위나 시도, 외적으로 좋은 일을 할 만한 사람이 아니라고 여기고서는 이런 것에서 멀리 떨어져 있기 때문이다.

반면 허영심 강한 사람은 어리석기에 자신을 알지 못하면서도 이를 백일하에 드러낸다. 이들은 쉬이 훌륭한 일을 해낼 만한 사람이 아니면서도 그런 일을 시도했다가 능력이 없다는 사실을 드러내고야 만다. 심지어 옷이나 외관 따위를 그럴듯하게 꾸미면서 다른 사람이 자신의 행운을 알아주기를 바라고, 자신의 행운을 무슨 상이라도 되는 양 크게 떠벌리고 다닌다.

그런데 자부심이 강한 것에 반대되는 것은 허영심이 아니라 지나치게 겸손해 스스로 자존감이 낮은 것이다. 자존감이 낮은 것이 더 흔하고 더 나쁘니까 말이다. 앞서 말했듯 자부심이 강하다는 것은 커다란 명예와 관련이 있다.

작은 명예와
관련된 덕

앞서 우리가 명예를 처음 언급하면서 말했듯 큰 재물과 관련해서는 '통이 크다'는 덕이 있고 작은 재물과 관련해서는 '후하다'는 덕이 있는 것처럼, 큰 명예와 관련해 '자부심이 강하다'는 덕이 존재한다면 작은 명예와 관련해서도 어떤 덕이 있을 듯하다. 작은 명예와 관련된 이런 덕이나 후함은 어느 것도 큰 것과는 무관하지만, 그 중요성이 중간이거나 작은 것과 관련해서는 우리가 적절하게 행동하도록 만든다.

재물을 베풀고 받으면서 중용을 지키거나 과하거나 부족한 때가 있듯이, 명예를 추구하는 때에도 마땅한 것보다 너무 많거나 너무 적을 수 있고, 명예를 추구할 마땅한 곳과 마땅한 방법이 있기도 하다. 우리가 명예욕을 가진 사람을 비난하는 이유는 그런 사람이 마땅히 얻어야 할 것보다 더 큰 명예를 추구할뿐더러 그런 명예를 마땅치 않고 그릇된 곳에서 추구하기 때문이고, 반대로 명예욕이 없는 사람을 비난하는 이유는 고귀한 이유인데도 명예를 추구하려 들지 않기 때문이다. 하지만 명예에 관해 처음으로 다루면서 말했듯 우리는 때로 명예욕이 있는 사람을 남자답고 고귀한 것을 사랑하는 사람이라 칭송하기고 하고, 명예욕이 없는 사람을 중용을 지키고 절제력이 있다고 칭송하기도 한다.

이러저러한 걸 좋아한다는 말에는 다양한 의미가 있어서 명예욕이라는 말이 항상 같은 의미로 해석되지는 않지만, 남보다 더 명예를 중시하는 사람에게는 칭송의 말로 쓰이고, 마땅한 것보다 더 명예를 중시하는 사람에게는 비난의 말로 쓰인다. 명예에 관해서는 중용을 나타내는 이름이 없어서 양극단, 즉 '명예욕 있음'과 '명예욕 없음'이 마치 원래부터 빈자리였다는 듯이 중용의 자리를 놓고 다툼을 벌이는 듯하다. 하지만 과함과 부족함이 있는 곳이라면 중용도 있기 마련이다.

사람은 마땅한 것보다 더 큰 명예를 바라기도 하고, 더 작은 명예를 바라기도 한다. 그래서 받아 마땅한 수준으로 명예를 바랄 수도 있다. 명예와 관련해서는 그 중용을 부르는 이름이 없지만, 여하간 이러한 성품은 칭송받는다. 이러한 중용은 '명예욕 강함'과 비교하면 명예욕이 없어 보이고, '명예욕 없음'과 비교하면 명예욕이 강해 보이며, 양자 모두와 비교하면 때에 따라 명예욕이 강하거나 또 약하게 보인다. 이는 다른 덕에서도 마찬가지인 듯하다. 다만 작은 명예와 관련된 덕의 경우에는 중용을 가리키는 말이 없기에 양극단이 서로 대립하는 것처럼 보인다.

온화함:
분노와 관련된 덕

    온화함은 분노와 관련된 중용이다. 그 중용을 지칭하는 이름이나 양극단을 지칭하는 이름도 없기에 온화함이라고 한다. 온화함도 분노와 관련해 부족함 쪽으로 기울어져 있고, 이런 부족함을 부르는 이름도 없으나 온화함을 중용의 자리에 놓는다.

    분노와 관련된 과함은 성마른 것이다. 분노를 일으키는 원인은 다양하지만, 문제가 되는 정념은 분노이기 때문이다. 분노해야 할 대상에, 그리고 분노해야 할 사람에게 분노하고, 나아가 마땅한 때에 마땅한 기간만큼 마땅한 방식으로 분노하는 사람은 칭송받는다. 이런 사람이 온화한 사람일 텐데, 사람은 온화함을 칭송하기 때문이다. 온화한 사람은 쉽게 동요하지 않고 정념에 휩쓸리지도 않지만, 이성이 명하는 대로 마땅한 대상에 마땅한 기간 동안 마땅한 방식으로 분노한다. 그런데도 온화한 사람은 부족함 쪽으로 다소 치우쳐 있다. 왜냐하면 온화한 사람은 복수하기보다 용서하는 경향이 있어서다.

분노와 관련해서 부족함은, 그것이 화낼 줄 모르는 것이든 아니면 그 무엇이든 비난을 받는다. 마땅히 분노해야 할 대상에 분노하지 않는 사람은 어리석다고들 하고, 마땅한 방식으로 마땅한 때에 또는 마땅한 사람에게 분노하지 않는 사람 역시 어리석다고들 한다. 그런 사람은 아무 생각이 없거나 그런 일에 고통을 느끼지 못하는 사람이고, 분노하지 않아서 자신을 지키지도 못하는 사람이라고들 하며, 자기가 모욕당해도 그저 견뎌내고, 친구가 모욕당해도 아무 말 못 하고 마냥 지켜만 보는 것은 비굴함을 보여주기 때문이다.

분노와 관련된 과함은 앞에서 언급한 모든 면에서 드러난다. 우리는 분노하지 말아야 할 사람에게 마땅히 분노해야 하는 것 이상으로 너무 성급하거나 너무 오랫동안 분노할 수 있다. 하지만 이 모두가 한 사람에게 한꺼번에 일어나지는 않으며, 실제로 불가능할 것이다. 나쁨은 심지어 자기를 파괴하며, 온전하게 나타나면 정말 견뎌낼 수 없기 때문이다.

욱하는 성미가 있는 사람은 분노하지 말아야 할 사람에게,

분노하지 말아야 할 일로, 마땅히 분노해야 하는 것 이상으로 성급히 분노하지만, 분노를 멈추는 것도 빠르다. 이런 점이 이들의 가장 좋은 점이다. 이들에게 이런 일이 일어나는 이유는 성미가 급한 탓에 분노를 억누르지 못한 채로 그대로 쏟아내 버리고는 그걸로 그치기 때문이다. 분노가 지나쳐 걸핏하면 화를 내는 사람은 극도로 날카로워서 사사건건 화를 낸다. '화가 머리끝까지 차 있는 사람'이라는 표현도 여기에서 유래한다.

꽁한 사람은 화를 쉽게 누그러뜨리지 않고 오래 마음에 담아 두는데, 이는 자신의 분노를 억누르기 때문이다. 이들은 되갚 아주고 나서야 분노를 멈춘다. 복수가 고통 대신 즐거움을 만들어내면서 이들의 분노를 없애주기 때문이다. 그렇지 않으면 마음속에 응어리가 지고, 그런 응어리가 분명하지 않기에 누구도 이들을 설득하지 못하기에 스스로 분노를 삭이는 데 시간이 걸린다. 이런 사람은 자신에게나 가장 가까운 사람에게나 가장 골치 아픈 사람이다.

까다로운 사람은 분노하지 말아야 할 일에 분노해 마땅한 것 이상으로 긴 시간 분노하며, 보복하거나 벌을 줄 때까지 화를 가라앉히지 않는다. 이는 온화함에 반대되는 것으로, 분노와 관련해서 부족함이 아니라 과함이 있다. 즉 되갚아주는 게 인간 본성에 더 가까운 것이다 보니 실제로도 과함이 더 흔하고, 까다로운 사람과 함께 살아가기는 더 힘들다.

처음에 이야기했던 것도 지금 설명한 것에서 분명하게 드러난다. 다시 말해 우리가 어떻게 누구에게 무엇을 대상으로 얼마나 오랫동안 분노해야 하는지, 어디까지가 올바른 분노이고 어디부터가 그릇된 분노인지를 정하기란 쉽지 않은 일이다. 과하든 부족하든 정도에서 약간 벗어난 사람은 비난받지 않는다. 어떨 때는 부족한 사람을 온화한 사람이라 하기도 하고, 또 어떨 때는 까다로운 사람을 남자답다고도 하니까 말이다. 따라서 얼마나 많이, 그리고 어떤 방식으로 벗어나야 비난받을 만한지를 말로 하기란 좀처럼 쉽지 않다. 이런 판단은 개별적인 사실과 감각을 통한 지각에 달려 있기 때문이다.

적어도 분명한 점은, 중용은 우리가 분노해야 할 사람에게 분노해야 할 일로 마땅한 방식에 따라 분노하는 것이기에 이런 중용은 칭찬받아 마땅하고, 분노와 관련해 과함과 부족함은 비난받아 마땅하다는 것이다. 그런 과함과 부족함은 그 정도가 작으면 약하게 비난받고, 그 정도가 많으면 강하게 비난받으며, 그 정도가 아주 크면 혹독하게 비난받는다. 그렇기에 우리가 중용을 고수해야 함은 분명하다.

사회적 교제와
관련된 덕

사회적 교제, 즉 남과 함께 살아가면서 그들과 함께 대화를 나누고 공통의 일을 해나갈 때, 어떤 사람은 남에게 즐거움을 주기 위해서 무엇이든 칭송하고 절대 반대하지 않으며, 만나는 사람에게 고통을 주는 일은 언제나 피해야 한다고 생각하는 사람이 있다. 이런 사람을 속없는 사람이라고들 한다. 한편 이런 사람과는 정반대의 길을 가면서 사사건건 반대하고, 남에게 고통을 주는 것에 털끝만큼도 개의치 않는 사람을 무례한 사람 혹은 말썽꾼이라고 한다.

방금 앞에서 이야기한 성품은 비난받을 만하고, 이들 성품 중간에 해당하는, 즉 마땅히 받아들여야 할 것을 마땅히 그래야 할 방식으로 받아들이고, 마땅히 거부해야 할 것을 마땅히 그래야 할 방식으로 거부하는 성품이 칭송받을 만한 것이라는 점은 너무도 분명하다. 이런 성품에 붙여진 이름은 없지만 '사랑'과 가장 닮았다. 중간에 해당하는 이런 성품을 따르는 사람은 아끼고 사랑하는 마음만 더해지면 우리가 훌륭한 친구라고 부를 수 있는 사람이 된다.

하지만 이런 중간 상태의 성품은 교제하는 사람에게 어떤 감정이나 아끼고 사랑하는 마음을 의미하지는 않는다는 점에서 사랑과 다르다. 이런 사람이 매사를 마땅한 방식으로 받아들이는 건 좋거나 싫다는 감정 때문이 아니라 그 사람이 그런 성품을 가진 사람이기 때문이다. 이런 사람은 자기가 알든 모르든, 친하든 낯설든, 모두에게 똑같이 행동할 것이다. 다만 각각의 경우에 그 형편에 맞게 한다는 차이만 있을 뿐이다. 예컨대 친한 사람을 낯선 사람과 똑같이 배려하거나 같은 방식으로 그들에게 고통을 주는 것도 어울린다고 하기는 어려울 테니 말이다.

따라서 우리는 그런 사람이 마땅히 그래야 할 방식으로 다른 사람과 사귈 것이고, 고귀한 것과 유용한 것을 기준 삼아 다른 사람에게 고통을 주지 않거나 다른 사람과 더불어 즐거워하는 것을 목표로 삼을 것이다. 다른 사람과 사귀면서 생기는 일은 즐거움이나 고통과 관련이 있는 듯하기 때문이다.

다른 사람과 더불어 즐거워하는 일이 고귀하지 않거나 해롭다면, 더불어 즐거워하기를 거부하고 고통을 주는 쪽을 택한다. 또한 다른 사람의 행동을 묵인한 결과로 그 행동이 한 사람에게 상당한 불명예나 해악을 가져다준다면, 그리고 그런 행동에 반대하더라도 그런 반대가 가져올 고통이 크지 않다면, 그는 그런 행동을 묵인하지 않고 거부할 것이다.

그러나 이런 사람은 높은 자리에 있는 사람과 보통 사람을, 그리고 가까운 사람과 그저 얼굴만 아는 사이인 사람을 똑같은 방식으로 사귀지 않을 것이며, 다른 모든 차이에 따라서 각각의 부류에 적절한 방식으로 사귈 것이다. 또한 이런 사람은 그 자체로 다른 사람과 더불어 즐거워하고, 그들에게 고통을 주지 않는 쪽을 선택하는데, 그 결과가 더 크다면, 즉 그 결과가 고귀함과 유용함이라면 그런 결과에 따라 달리 행동할 것이다. 이런 사람은 미래에 큰 즐거움을 얻게 된다면 지금의 작은 괴로움도 꺼리지 않을 것이다.

바로 이런 사람이 중용을 지키는 사람임에도 이런 사람을 부르는 이름은 없다. 더불어 즐거워하는 사람 중에서 다른 꿍꿍이 없이 남을 즐겁게 하려는 사람은 속없는 사람이고, 남을 즐겁게는 하지만 그 목적이 돈이나 돈으로 살 수 있는 것과 관련해서 어떤 이득을 얻는 사람은 아첨꾼이다. 반면 매사에 못마 땅해하는 사람은 '까다로운 사람'이자 '말썽꾼'이다. 이런 양극 단은 중도를 부르는 이름이 없어서 서로가 서로에게 대립하는 듯하다.

진실함:
자기 말·삶과 관련된 덕

　자기 과시와 자기 비하 사이에 놓여 있는 중용은 교제와 거의 같은 영역에서 찾아볼 수 있지만, 이런 중용을 부르는 이름도 없다. 우리가 이런 성품을 하나하나 상세히 검토해가면서 이런 성품에 대해 더 많이 알게 된다면, 모든 경우에 덕은 중용이라는 것을 확신할 수 있을 것이다.

　사람을 사귀는 영역에서 남에게 즐거움이나 고통을 주는 일을 자기 목적으로 삼는 사람에 대해서는 이미 이야기했으니, 이제 말이나 행위, 그리고 이들이 내놓는 자기주장에서 진실 또는 거짓을 추구하는 사람에 대해 살펴보자. 자기를 과시하는 사람은 자기에게 없지만 세간에서 찬탄하는 것이 마치 자기에게 있는 듯 꾸며내거나 실제로 자기에게 있는 것보다 부풀려 말하는 사람이다. 반대로 자기를 비하하는 사람은 실제로 자기에게 있는 데도 없다고 하거나 실제보다 줄여 말하는 사람이다. 반면 중용을 지키는 사람은 삶이나 말 모두에서 진솔하기에 꾸밈없는 사람이며, 자기에게 있는 것을 있는 그대로 말하지, 늘이거나 줄여 말하지 않는다.

그런데 이런 일을 각각 하면서 어떤 꿍꿍이가 있을 수도 있고, 없을 수도 있다. 어떤 꿍꿍이가 없이 그렇게 하는 것이라면, 각자는 자기 성품에 따라서 말하고 행동하며 살아간다. 거짓은 그 자체로 나쁘고 비난받을 만하지만, 진실은 그 자체로 고귀하고 칭송받을 만하다. 따라서 이렇게 중용을 지켜 진실한 사람은 칭송받을 만하고 거짓된 사람은 비난받을 만하지만, 자기를 비하하는 사람보다 과시하는 사람이 더 크게 비난받을 만하다. 이들 각각에 대해 살펴보되, 먼저 진실한 사람에 대해 살펴보자.

우리가 지금 살펴보려는 것은 자기가 합의한 일, 즉 정의나 불의와 관련된 일에 대해서 진실을 지키려는(이는 또 다른 덕에 속한다) 사람이 아니라 그런 중요한 문제와 무관하게, 즉 원래 그런 성품이기에 자기 말과 삶에서 진실한 사람이다. 분명 그런 사람은 훌륭한 사람일 테다. 그런 사람은 진실을 사랑하는데,

진실을 말해도 아무것도 달라지지 않는 상황에서도 진실하며, 진실을 말하는 일이 중요한 상황에서는 더더욱 진실하다. 심지어 거짓을 그 자체로 경계해온 사람은 거짓을 수치스럽게 여기면서 이를 경계한다. 이런 사람은 칭송받을 만하다. 이런 사람은 진실을 과장하기보다는 오히려 축소하는 경향이 있는데, 이는 과장은 무엇이든 역겨운 것이기에 이렇게 축소해 말하는 편이 더 나아 보이는 듯하다.

아무 꿍꿍이 없이 자기에게 실제로 있는 것보다 더 많이 있는 듯 꾸며내는 사람은 좋은 성품을 가졌다고 보기는 어렵지만 (그렇지 않다면 거짓을 좋아할 리 없었을 테니까), 나쁘다기보다는 실없는 사람인 듯하다. 반면 어떤 꿍꿍이를 가지고 그렇게 한 사람이 명성이나 명예를 얻으려 한 것이라면 자기과시를 위해 그렇게 한 것이기에 크게 비난받지 않지만, 그 목표가 돈이나 돈을 벌게 해줄 수단이라면 더욱 추한 사람이 된다. 이렇게 자기를 과시하는 사람이 되는 건 그 사람에게 그만한 능력이 있어서가 아니라 그 사람이 그렇게 하기로 선택했기 때문이다. 자기를 과시하는 사람은 습관 때문에, 그리고 그 사람이 원래 그런 성품이어서 그렇다. 이는 거짓말 자체를 좋아해서 거짓말쟁이인 사람이 있고, 명성이나 이득을 바라고 거짓말을 하는 사람도 있는 것과 마찬가지다.

따라서 명성을 얻으려고 자기를 과시하는 사람은 칭송이나 축하를 받을 만한 능력을 내세우고, 이득을 목적으로 자기를 과시하는 사람은 자기 주변 사람에게 도움이 되지만 자신에게 없다는 사실이 쉽게 발각되지 않는 능력, 예컨대 예언과 지혜와 의술의 능력을 내세운다. 대부분 사람이 짐짓 가진 체하면서 과시하는 건 바로 이런 이유에서다. 앞에서 말한 것이 그런 것 속에 들어있으니까 말이다.

오히려 사태를 실제보다 축소해서 말하는, 즉 자기를 비하하는 사람은 그 성품이 더 매력적으로 보인다. 이득을 얻으려는 게 아니라 과시를 피하려고 그렇게 말하는 것으로 보이기 때문이다. 하지만 소크라테스(고대 그리스의 철학자로 '철학의 아버지'라 불림 - 옮긴이)가 그랬듯, 이런 사람은 무엇보다 세상이 자기를 높이 평가하는 것을 거부한다.

별것 아닌 뻔한 특징을 가지고 있으면서도 이를 부정하는 사람을 경멸조로 협잡꾼이라고들 하는데, 어떨 때는 스파르타인의 옷처럼 자기 과시를 위한 것처럼 보이기도 한다. 실제로 과한 것뿐만 아니라 크게 부족한 것 역시 자기 과시이니 말이다. 그러나 적절하게 자기를 낮추거나, 또 흔하지도 뻔하지도 않은 것과 관련해 자기를 낮추는 사람은 매력적으로 보인다. 진실한 사람의 반대로 보이는 것은 자기를 과시하는 사람이다. 자기를 과시하는 것이 자기를 비하하는 것보다 더 나쁜 성품이기 때문이다.

재치:
즐거움과 관련된 덕

    삶에는 활동뿐만 아니라 휴식이 있고, 휴식에는 여가와 놀이가 포함되기에 어떤 적절한 방식으로 사람을 사귀는 일, 즉 마땅히 말해야 할 것을 그렇게 해야 마땅한 방식으로 말하고 듣는 교제가 있다. 이런 교제에서 말하는 사람인지, 아니면 듣는 사람인지에 따라 차이가 있다. 여기에서 중용과 비교해 과하거나 부족한 것이 있음은 분명하다.

    우스갯소리가 지나치면 저급한 익살꾼이라는 말을 듣는데, 이런 사람은 무슨 짓을 해서라도 웃기려고만 하고, 고상한 것을 이야기한다거나 웃음거리가 된 사람에게 고통을 주지 않으려 하기보다는 한바탕 웃음을 끌어내려고만 한다. 반면 절대로 우스갯소리를 하지도 않고, 우스갯소리 하는 사람을 보고 얼굴을 찌푸리는 사람은 촌스럽거나 딱딱한 사람으로 여겨진다.

그런데 맛깔나게 농담을 풀어놓는 사람은 화제를 이리저리 바꾸는 데 능하다는 의미에서 재치 있는 사람이라고 불린다. 또한 농담을 '성품의 움직임'이라고 하는데, 마치 신체를 그 움직임으로 판단하듯 성품 또한 이러한 움직임으로 판단한다.

하지만 웃음을 자아내는 일은 주변에서 찾기 어렵지 않고, 대부분 사람은 놀이와 농담을 마땅히 좋아해야 하는 수준 이상으로 좋아한다. 심지어 저속한 익살꾼마저 기쁨을 준다는 이유로 재치 있는 사람으로 불리기도 한다. 그러나 저속한 익살꾼과 재치 있는 사람은 서로 다르고, 이는 앞서 설명한 내용으로 보아 분명하다.

품격은 중용의 성품에 해당한다. 품격 있는 사람은 훌륭하고 교양 있는 사람에게 어울리는 말을 하고 듣는다. 그런 사람이 농담거리로 말하거나 듣기에 적절한 것은 따로 있고, 교양 있는 사람이 하는 농담은 비속한 사람이 하는 농담과 다르며, 배운 사람이 하는 농담은 배우지 못한 사람이 하는 농담과 다르다. 이런 차이는 고희극과 신희극에서도 볼 수 있다. 고희극 작가가 외설스러운 말로 웃음을 주었다면, 신희극 작가는 말에 숨겨진 의미로 웃음을 주었다. 이는 품격과 관련해서 적지 않은 차이를 만들어낸다.

　그렇다면 제대로 된 농담을 잘하는 사람은 어떻게 정의해야 할까? 즉 교양 있는 사람에게 어울리지 않는 것은 이야기하지 않는 사람일까? 듣는 사람에게 괴로움을 주지 않고 심지어 그들을 즐겁게 만드는 사람일까? 아니면 듣는 사람이 다르면 싫어하는 것도 즐거워하는 것도 각자 달라지므로 듣는 사람을 즐겁게 만드는 농담은 분명히 정의하기 어려운 것일까? 제대로 된 농담을 잘하는 사람은 자기가 참을 수 있는 농담을 들으려 할 것이다. 그런 농담이라면 자기도 할 테니까 말이다. 그런데 이런 사람이 결코 하지 않는 농담이 있다. 왜냐하면 농담은 일종의 욕인 데다가 법으로 욕하는 것이 금지된 대상도 있기 때문이다. 심지어 그런 농담을 하는 것조차 법으로 금지해야 했을 것이다.

　따라서 자유민답게 교양을 갖춘 사람은 우리가 앞서 설명한 대로 살아가며, 마치 그것이 자기에게 법인 것처럼 여긴다. 품격 있는 사람이든 재치 있는 사람이든, 어떻게 불리더라도 이런 사람이 바로 중용을 지키는 사람이다.

　반면에 저속한 익살꾼은 우스갯소리를 하지 않고서는 배기지 못하는 사람이기에 웃길 수만 있으면 자기든 남이든 가리지 않는다. 즉 교양 있는 사람이라면 절대 말하지 않을 법한 것을 말하고, 심지어 듣지도 않을 법한 것을 듣기도 한다. 또한 촌스러운 사람은 이런 식으로 사람을 사귀는 일에는 아무 쓸모가 없다. 아무런 보탬도 되지 못하면서 매사에 불평만 늘어놓을 테니 말이다. 그럼에도 휴식과 놀이는 살아가는 데 꼭 필요한 것이다.

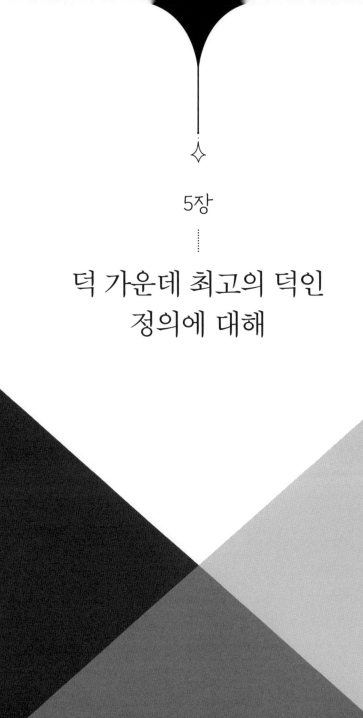

5장

덕 가운데 최고의 덕인
정의에 대해

정의와 반대되는 불의는
악덕의 일부가 아니라 전체다

사람으로 하여금 무엇이 정의로운 것인지 생각하고, 정의롭게 행동하며, 정의로운 것을 바라게 하는 그런 성품을 정의라고 한다. 마찬가지로 불의하게 행동하고, 불의한 것을 바라게 하는 그런 성품을 불의라고 한다.

앎이나 능력에서 그렇다고 해서 성품에도 똑같이 적용되지는 않는다. 하나의 동일한 능력이나 앎은 서로 반대되는 대상과 관련이 있어 보이지만, 하나의 성품은 자신과 반대되는 결과를 낳지 않는다. 예컨대 건강의 결과로 우리는 건강에 반대되는 것을 행하지 않고 오직 건강한 것만 행한다. 누군가가 건강한 사람이 걷는 방식으로 걸을 때 우리는 그 사람이 건강하게 걷는다고 말하니까 말이다.

그런데 어떤 상태는 그 반대 상태로부터 알려지고, 흔히 상태는 그런 상태를 지닌 것으로부터 알려진다. 좋은 몸 상태가 무엇인지 드러나면 무엇이 나쁜 몸 상태인지도 드러난다. 그리고 좋은 상태는 좋은 상태에 있는 몸에서 드러나고, 좋은 상태에서 좋은 상태에 있는 몸이 드러난다. 만약 좋은 몸 상태가 살의 단단함이라면, 필연적으로 나쁜 몸 상태는 살의 무름이요 좋은 몸 상태는 살 안에서 단단함을 만들어내는 것이어야 한다.

그리고 대부분 한쪽이 여러 의미로 쓰이면 다른 쪽도 역시 여러 의미로 쓰인다는 결론에 이른다. 예컨대 정의가 여러 의미로 쓰이듯 불의 또한 여러 의미로 쓰이게 된다.

사실 정의나 불의 모두 여러 의미로 쓰이는 듯하지만 동음이의어로서 하나의 공통된 명칭에 여러 의미가 담겨 있고, 이런 의미가 서로 밀접하게 연관되어 있다. 그러기에 의미가 서로 동떨어져 있을 때와 비교하면 그러한 의미가 서로 다르다는 사실이 주목받지도 않고, 명확하게 드러나지도 않는다(서로 동떨어져 있는 경우에 잘 드러나는 이유는 겉모습의 차이가 크기 때문이다). 예컨대 동물의 빗장뼈와 문을 잠그는 빗장이라는 의미로도 쓰이는 '클레이스(kleis)'라는 말이 그렇다.

그러니 불의한 사람이라는 말이 얼마나 여러 의미로 쓰이는

지를 살펴보자. 법을 지키지 않는 사람과, 더 많이 가지겠다고 공평하지 않게 행동하는 사람은 불의하다고 여겨지기에 법을 잘 지키고 공평한 사람이 정의로울 것임은 분명하다. 따라서 정의는 법을 지키고 공평한 것이요, 불의는 법을 어기고 불공평한 것이다.

불의한 사람은 더 많이 가지려는 사람인 탓에 좋은 것에 관심을 기울인다. 하지만 좋은 것 전부가 아니라 행운이나 불운과 관련이 있는 좋은 것에만 관심을 기울인다. 이렇게 좋은 것은 언제나 그 자체로 좋은 것이지만, 특정한 사람에게는 언제나 좋은 것만은 아니다. 사람은 이런 것을 얻으려 기도하고 애쓰지만, 그렇게 해서는 안 된다. 오히려 그 자체로 좋은 것이 자신에게도 좋은 것이 되게 해달라고 기도하고, 실제로 자기에게 좋은 것을 선택해야 한다.

또한 불의한 사람이라고 해서 언제나 더 큰 쪽을 선택하지는 않는다. 그 자체로 나쁜 것은 더 적은 쪽을 선택한다. 하지만 덜 나쁜 것은 어떤 의미에서는 좋은 것으로 여겨지며, 더 많이 가진다는 말은 좋은 것을 더 많이 가진다는 말이기에 불의한 사람은 자기 몫보다 더 많이 가진 사람이라고들 한다. 하지만 어쨌든 불의한 사람은 공평하지 않다. 이는 더 큰 좋음과 더 작은 나쁨을 한데 담고 있으며, 둘 모두에 공통되는 것이다.

법을 지키지 않는 사람은 불의하고 법을 잘 지키는 사람은 정의롭기에, 법을 지키는 것이라면 어떤 행위든 정의로운 행위임이 분명하다. 법을 제정하는 기술이 지켜야 할 것으로서 규정해놓은 행위는 법에 따르는 행위이고, 우리는 이런 행위 하나하나를 정의롭다고 한다.

그런데 법은 모든 사람에게 공통된 이익이나 귀족의 이익, 아니면 개인적 덕이나 다른 어떤 기준을 근거로 결정된 자리에서 나라를 통치하는 사람의 이익을 겨냥하면서 온갖 종류의 문제를 규정한다. 따라서 어떤 의미에서는 정치 공동체를 위해서 행복과 그런 행복의 여러 요소를 만들어내고 보전하는 그런 행위를 우리는 정의롭다고 말한다.

또한 법은 우리에게 용기 있게 행동하라고 명한다. 예컨대 전투 대형에서 이탈하지 말고 도망치거나 무기를 버리지 말라고 명한다. 법은 절제력 있게 행동하라고 명한다. 예컨대 간통을 저지르거나 무절제하게 살지 말라고 명한다. 법은 온화하게 행동하라고 명한다. 예컨대 남을 때리거나 험담하지 말라고 명한다. 마찬가지로 법은 그 밖에 다른 덕이나 악덕에 관해서도 어떤 행동은 하라고 명하거나 어떤 행동은 금한다. 제대로 제정된 법은 이를 제대로 처리할 테지만 급조된 법은 이를 허술하게 처리한다.

따라서 이런 정의는 완전한 덕이다. 비록 다른 사람과 관련해서 그렇다는 조건이 붙기는 하지만 말이다. 따라서 정의는 흔히 덕 가운데 최고의 덕으로 여겨지며, 정의에 비하면 저녁별이든 새벽별이든 어느 것도 그렇게 경이롭지 않다. 또한 "정의 안에는 모든 덕이 다 들어 있다"는 말도 있다. 그리고 실제로 가장 완전한 덕을 행한다는 의미에서 가장 완벽한 덕이다. 또한 정의라는 덕을 지닌 사람은 자신의 덕을 자신에 대해서뿐만 아니라 남을 향해서도 행하기에 정의는 완벽한 덕이다. 많은 사람이 자기 일에서 덕을 행할 수는 있지만 다른 사람과의 관계에서는 그러지 못하기 때문이다.

이런 이유로 "다스림이 사람의 됨됨이를 드러낸다"는 비아스(원전 6세기에 활동한 일곱 현인 중 한 명으로, 변론에 특히 뛰어났다고 전해짐 – 옮긴이)의 말은 진실을 담고 있다고 볼 수 있다. 통치자는 필연적으로 다른 사람과 관계를 맺고 그들과 교제하지 않을 수 없다. 또한 이런 이유에서 모든 덕 중에서 오직 정의만이 타인에게 좋은 미덕으로 여겨지는 것이다. 정의는 다른 사람과 관계하기에 통치자든 공동체의 다른 구성원이든 다른 사람에게 이익이 되는 것을 행하기 때문이다.

가장 나쁜 사람은 자기와 친구에게 악덕을 행하고, 가장 좋은 사람은 덕을 자기가 아니라 다른 사람에게 행한다. 그렇게 하기가 어려운 탓이다. 따라서 이런 의미에서 정의는 덕의 일부가 아니라 덕 전체이며, 정의와 반대되는 불의는 악덕의 일부가 아니라 악덕 전체다.

이런 의미에서 덕과 정의 사이에 어떤 차이가 있는지는 우리가 앞서 이야기한 것에서 분명하게 드러난다. 덕과 정의는 같지만 이 둘을 정의하는 방식은 같지 않다. 다른 사람과의 관계에서 본 것이 정의라면, 그 자체로 어떤 성품인가의 관점에서 본 것이 덕이다.

덕의 전체인 정의,
덕의 일부인 정의

　우리가 살피고 있는 것은 도덕적인 덕의 한 부분을 이루는 정의다. 우리가 긍정하듯 그런 정의가 있기 때문이다. 이는 우리가 관심을 두고 있는 불의에 대해서도 마찬가지다. 그런 정의나 불의가 존재한다는 사실을 보여주는 징표가 있다. 다른 악덕에 따라 행동하는 사람, 예컨대 겁에 질려 자기 방패를 던져버린다거나 고약한 성격으로 험하게 말하거나 인색한 탓에 친구에게 금전적인 도움을 주지 않는 사람은 불의하기는 하지만 그렇다고 해서 자기 몫보다 더 많이 가지려는 건 아니다. 하지만 어떤 사람이 자기 몫보다 더 많이 가지겠다고 하면, 그 사람은 악덕 중에서 어떤 악덕이나 악덕 전부에 따라 행동하지는 않지만 우리가 그런 사람을 비난하기에 어떤 나쁨, 즉 불의에 따라 행동하는 것이다.

또한 넓은 의미에서 본 불의가 있고, 그런 불의의 한 부분을 이루는 또 다른 불의가 있다. 이때 '불의하다'는 말은 법을 어긴다는 넓은 의미에서 불의한 것의 일부에 해당한다는 의미로 쓰인다.

어떤 사람은 이득을 얻으려고 간통을 저지르고, 실제로 그런 행동으로 금전적 이득을 얻기도 한다. 반면 다른 사람은 돈을 잃고 난처한 지경에 이르더라도 자기 욕망 때문에 간통을 저지른다. 후자는 자기 몫보다 많이 가지려 했다기보다는 무절제한 사람으로 보이지만, 전자는 무절제하기보다는 불의한 사람이다. 따라서 전자는 이득을 얻으려고 간통을 저질렀기에 불의한 사람임이 분명하다.

다른 모든 불의는 언제나 어떤 특별한 종류의 나쁨에 따른 결과다. 간통은 무절제에 따른 결과이고, 전쟁터에서 전우를 버리는 행위는 비겁함에 따른 결과이며, 남을 물리적으로 폭행하는 행위는 분노에 따른 결과다. 반면 어떤 사람이 이득을 얻는다면 그 사람의 행위는 어떤 나쁨에 따른 결과가 아니라 불의한 것이다.

따라서 악덕과 그 외연이 같은 불의 말고도 특별한 종류의 두 번째 불의가 있음은 분명하다. 이러한 불의가 첫 번째 불의와 같은 이름으로 불리는 데는 그 정의가 같은 부류에 해당하기 때문이다. 둘 다 다른 사람과 맺는 관계에서 행해진다는 점에서는 같지만, 후자가 명예나 재물이나 안위 또는 이를 모두 포괄하는 하나의 이름이 있기에 그러한 것 모두에 관심을 두고 그 동기가 어떤 이득을 얻는 데서 비롯한 즐거움이라면, 전자는 좋은 사람이 관심을 두는 모든 일에 관심을 둔다.

따라서 정의는 한 종류가 아니라 모든 덕과 구별되는 정의가 있음이 분명하고, 우리는 그러한 정의가 무엇이고 어떤 종류에 속하는지를 파악해야 한다. 불의한 것은 '법을 지키지 않는 것'과 '불공평한 것'으로, 정의로운 것은 '법을 잘 지키는 것'과 '공평한 것'으로 각각 구분된다. 법을 지키지 않는 것은 앞서 말한 불의의 의미에 해당한다. 하지만 불공평한 것과 법을 지키지 않는 것은 서로 다르지만 부분이 전체와 다른 것처럼 그렇게 다르다(불공평한 것은 모두 법을 지키지 않는 것이지만, 법을 지키지 않는다고 해서 모두 불공평한 것은 아니다).

따라서 불공평하다는 의미에서 불공평이나 불의는 법을 지키지 않는다는 의미에서 불공평이나 불의와 다르고, 이는 부분이 전체와 다른 것처럼 다르다. 불공평인 불의는 법을 지키지 않는 것인 불의의 일부이고, 마찬가지로 공평함인 정의는 법을 지키는 것인 정의의 일부다. 따라서 우리는 이렇게 특별한 정의와 불의에 대해서, 그리고 공평과 불공평에 대해서도 살펴보아야 한다.

덕 전체에 해당하는 정의는 남에게 온갖 덕을 행하는 것이고, 악덕 전체에 해당하는 불의는 남에게 온갖 악덕을 행하는 것이기에 그런 정의와 불의의 문제는 잠시 보류할 수 있겠다. 또한 그런 정의와 불의에 대응하는 공평과 불공평의 의미를 어떻게 구별해야 할지도 분명하다. 실제로 법이 명한 행위의 대다수는 전체로서의 덕이라는 관점에서 규정된 행위다. 법은 우리에게 덕에 따라 살라고 명하며, 악덕에 따라 사는 것을 금하기 때문이다.

덕의 일부인 정의와 그에 상응하는 의미에서 공평한 것 중한 가지는 명예와 재물, 그리고 같은 정치 공동체를 이루는 사람 사이에서 나눌 만한 그 밖의 것을 나누어주는 문제와 관련이 있다(이러한 상황에서는 어떤 사람의 몫이 다른 사람의 몫과 비교해서 불공평하거나 공평할 수 있으니까 말이다). 또 다른 하나는 사람 사이에서 이루어지는 거래를 바로잡는 구실을 하는 것이다. 후자는 그런 거래가 '자발적이냐 비자발적이냐'에 따라서 다시 둘로 나뉜다. 자발적인 거래로는 판매, 구매, 대부, 보증, 대여, 공탁, 임대 등이 있다(이런 거래가 자발적인 이유는 그 거래가 자발적으로 발생하기 때문이다). 비자발적인 거래로는 절도, 간통, 독살, 성매매 알선, 노예 사기, 암살, 위증처럼 은밀한 것이 있고, 폭행, 감금, 살인, 강도, 신체 훼손, 명예 훼손, 모욕처럼 강제력이 동반되는 것도 있다.

모든 사항을 법으로 정하지 않는 이유는 정의가 있기 때문이다

자세히 살펴보건대, 공정과 정의는 단적으로 같지는 않지만 그렇다고 종류가 다르지는 않은 듯하다. 우리는 한편으로 공정한 것과 공정한 사람을 칭송하고, 심지어 정의 이외의 덕을 칭송하면서 '좋다'는 말 대신에 '더 공정하다'는 말을 쓰기도 한다. 그럼으로써 공정한 것이 더 좋은 것임을 드러낸다.

다른 한편으로, 조금 더 따져보면 공정한 것이 정의로운 것과 어느 정도 다른 것처럼 별개로 칭송받을 만하다고 하는 것은 이상해 보인다. 만약 서로 다르다면 정의로운 것이 훌륭하지 않거나 공정한 것이 정의롭지 않아야 하고, 만약 둘 다 훌륭한 것이라면 둘은 같은 것이어야 하기 때문이다. 따라서 이런 식의 주장을 통해서 공정한 것에 대한 난점이 생긴다.

하지만 이런 주장은 각각 일리가 있고, 서로 대립하지도 않는다. 공정한 것은 어떤 정의로운 것보다 나은 것이긴 해도 여전히 그 자체로 정의로운 것이고, 정의로운 것과 그 종류가 달라서 정의로운 것보다 나은 것은 아니기 때문이다. 따라서 정의로운 것과 공정한 것은 같고 모두 좋은 것이지만, 공정한 것이 상대적으로 더 뛰어날 뿐이다.

그런데 여기서 이 문제를 모호하게 만드는 것은 공정한 것이 정의롭기는 하지만 법을 따른다는 의미에서가 아니라 법적 정의를 바로잡는다는 의미에서 정의롭다는 것이다. 그 이유는 모든 법은 보편적으로 정해지지만 보편적으로 올바르게 규정할 수 없는 문제가 있기 때문이다. 따라서 반드시 보편적으로 규정해야 하지만 그렇게 할 수 없는 경우라면, 법은 잘못이 생길 수도 있음을 모르지 않으면서도 대부분 경우에 맞는 것을 취한다. 그렇다고 법이 올바르지 않은 것은 아니다. 결함은 법이나 입법자가 아니라 사태의 본성에 있기 때문이다. 인간사가 애초부터 이러한 종류의 것이니 말이다.

따라서 법이 보편적으로 규정했는데도 그런 보편적 규정이 담아내지 못하는 경우가 생기면, 입법자가 간과한 사항이나 무조건 그렇다고 말하는 바람에 벌어진 잘못 등 부족한 점, 다시 말해서 입법자 자신이 거기 있었더라면 그렇게 말했을 것이라든가 입법자가 알았더라면 법안에 집어넣었을 것을 보충해서 바로잡는 것은 옳은 일이다. 그렇기에 공정한 것은 정의롭고, 어떤 종류의 정의보다 낫다. 비록 절대적인 정의보다 낫지는 않지만 절대적으로 규정한 것으로 인해 잘못이 벌어지는 것보다는 낫다. 그리고 법에 결함이 있는 이유가 법의 보편성 때문인 경우, 그런 법을 바로잡는 것이 공정한 것의 본성이다.

실제로 이것이 바로 모든 사항을 법으로 정하지 않는 까닭이기도 하다. 즉 때에 따라서는 법으로 규정하는 것이 불가능해서 그때그때 결의가 필요하다. 어떤 대상이 분명히 규정되지 않으며 그 대상을 재는 잣대로 분명히 규정되지 않는 때가 있다. 레스보스섬(에게해 북동부에 위치한 그리스의 섬 - 옮긴이)에서는 건물을 지을 때 납으로 만든 자가 사용되는데, 이 자는 일정하지 않고 돌의 윤곽에 따라 모양이 바뀌었다. 이와 마찬가지로 결의 또한 사태에 따라 달라진다.

공정한 행위를 선택해서 행하고, 나쁜 의미에서 자기 권리에 집착하는 것이 아니라 비록 법이 자기편을 들더라도 자기 몫보다 적게 가져가는 사람이 바로 공정한 사람이다. 그리고 그런 성품이 바로 공정함이다.

사람이 자기에게
불의를 행할 수 있는가

사람이 자기에게 불의를 행할 수 있는지 없는지는 우리가 앞서 말한 것으로 분명히 알 수 있다. 정의로운 행위 중에서 한 부류는 법이 정한 대로 덕에 따라 행하는 것이다. 예컨대 법은 자살하라고 명시적으로 명하지 않는다. 그리고 법이 명시적으로 명하지 않는다는 것은 금하는 것이다. 또한 어떤 사람이 복수를 위해서가 아니라 법을 어기면서 자발적으로 남에게 해를 입힌다면 그 사람은 불의를 행한 것이다. 그리고 여기서 '자발적'이라는 말은 자신이 누구에게 무엇으로 해를 입힐지 알고서 그렇게 행하는 것이다.

또한 분노에 휩싸여 자발적으로 자기를 찔러 목숨을 끊는 사람은 올바른 이치에 거슬러 그렇게 한 것이고, 법은 이를 허용하지 않기에 그는 불의를 행한 것이다. 하지만 누구를 향해 불의를 저지른 것일까? 확실히 자신이 아니라 국가를 향해서다. 그는 자발적으로 고통을 겪지만 자발적으로 불의를 당한 것은 아니니 말이다. 이는 또한 국가가 그런 사람을 처벌하는 이유이기도 하다. 자신을 파괴하는 사람은 국가를 향해 불의를 저지른 사람이기에 특별한 종류의 시민권 박탈이 선고된다.

또한 자신에게 불의를 행한 사람은 불의를 행했다는 점에서만 불의하고 나머지 모든 점에서는 나쁜 사람이 아니라는 점에서 자신에게 불의를 행하기는 불가능하다(이는 앞서 말한 불의와는 그 의미가 다르다. 불의한 사람은 비겁한 사람과 마찬가지로 한 가지 면에 나쁜 사람일 뿐이고 모든 면에서는 나쁘지 않은 사람이기에 그가 행한 불의는 나쁜 것 전부를 나타내는 것이 아니다). 만약 자신에게 불의를 행하는 것이 가능하다면, 같은 것을 동시에 같은 사람에게 빼고 더하는 것이 가능해야 할 것이다. 하지만 이는 불가능하다. 정의로운 것과 불의한 것에는 언제나 두 사람 이상이 연루되기 때문이다.

불의한 행위는 자발적이고 이성적인 판단에 따라 스스로 선택하는 것이다. 자신이 고통을 겪었고 그래서 이를 똑같이 되갚아주는 경우는 불의를 행하는 것으로 여겨지지 않는다. 하지만 어떤 사람이 자신에게 불의를 행하는 경우라면 그 사람은 불의를 행하는 동시에 불의를 당한 것이기도 하다. 이때는 자발적으로 불의를 당하는 일도 가능할 것이다.

또한 어떤 사람이 불의를 행할 때는 반드시 특정한 종류에 해당하는 불의한 행위가 따른다. 자기 아내와 간통하거나 자기 집에 몰래 침입하거나 자기 재산을 훔치는 사람은 아무도 없다.

불의를 당하거나 불의를 행하는 것이 둘 다 나쁘다는 것은 분명하다(불의를 당하는 것은 중간보다 적게 갖는 것이고, 불의를 행하는 것은 중간보다 많이 갖는 것이다. 의술에서 중간은 건강하게 만들어주는 것, 체육에서는 좋은 몸 상태를 유지하는 것이 그에 상응한다). 그럼에도 불의를 행하는 것이 더 나쁘다. 불의를 행하는 것에는 악덕이 따르고 비난받을 만한 일이지만 그런 행위에 따르는 악덕은 완전하고 절대적인 악덕이거나 그에 거의 가까운 악덕인 반면(자발적으로 행한 불의한 행위가 모두 불의를 수반하지는 않는다), 불의를 당하는 것에는 악덕도 불의도 수반하지 않기 때문이다.

따라서 그 자체로는 불의를 당하는 쪽이 덜 나쁘지만 우연에 따라 더 크게 나빠지지 말라는 법도 없다. 하지만 이론은 그런 우연에 전혀 신경 쓰지 않는다. 이론상으로는 늑막염을 넘어지는 것보다 더 심각한 병으로 치부한다. 그러나 만약 넘어지는 바람에 적에게 사로잡혀 포로 신세가 되거나 죽임을 당한다면 우연에 따라 넘어지는 것이 늑막염보다 더 심각한 일이 될 수도 있다.

하지만 비유적 의미나 유추에 따른 의미에서 보면, 자기 자신에 대해서는 정의로움이 없지만 자신을 구성하는 다른 부분 사이에는 정의로움이 있다. 이때의 정의로움은 온전한 의미의 정의로움이 아니라 주인과 노예 사이에서, 아니면 가정의 가장과 그의 아내나 자식 사이에 존재하는 그런 정의로움이다. 이 문제를 다루는 여러 논의에서 영혼의 이성적인 부분과 비이성적인 부분이 구분되었기 때문이다. 그리고 이러한 구분은 사람이 자기 자신을 향해 행해지는 불의 같은 것이 있다고 추측하게 만든다. 자신을 이루는 각 부분이 각각의 욕망과 어긋나는 일을 겪을 수도 있기 때문이다. 따라서 통치자와 피치자 사이에 존재하는 일종의 정의로움이 이런 부분 사이에도 존재한다는 것이다.

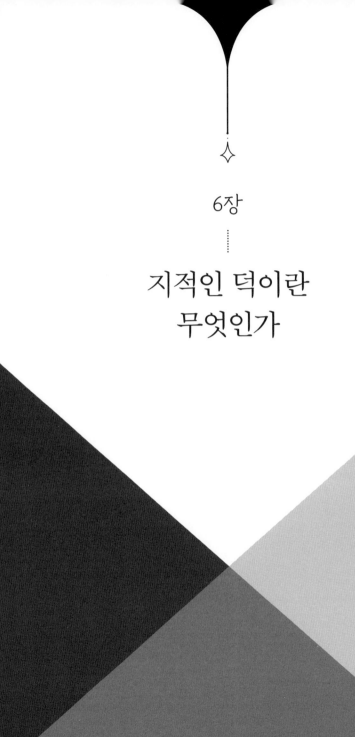

6장

지적인 덕이란
무엇인가

바른 이성:
중간은 올바른 이성이 정한다

우리는 앞서 우리가 과함도 부족함도 아닌 중간을 선택해야하고, 그런 중간은 올바른 이성이 정한다고 말했다. 이제 이를 살펴보자.

다른 모든 경우와 마찬가지로, 우리가 지금껏 언급했던 모든 덕에는 어떤 기준이 있어서 이성을 가진 사람은 그런 기준에 시선을 고정하고선 자기 활동을 죄거나 푼다('죄거나 푼다'라는 표현은 키타라의 현을 조율하는 행위를 빗댄 것임 – 옮긴이). 즉 우리가 과함과 부족함의 중간이라고 말하는 중용의 상태를 결정하는 기준이 있고, 이 기준은 올바른 이성에 따른다는 것이다. 이 말이 맞기는 하지만, 그렇다고 아주 명확하지는 않다. 여기에서뿐만 아니라 앎의 대상이 되는 다른 모든 활동에서 우리가 너무 과하거나 너무 부족하게 애쓰지도 말고 풀어지지도 않으면서 올바른 이성이 가리키는 중간 상태를 추구해야 한다는 말은 정말로 진실이다. 하지만 이것만 알아서는 여전히 그 이상은 알지 못할 것이다. 예컨대 어떤 병을 치료하면서 의술이 처방하는 대로, 그리고 의술에 조예가 깊은 사람이라면 그렇게 치료했을 방식대로 치료하면 된다는 말을 들었다고 해서 이 병을 치료하는 방법을 알 수 있는 것은 아니다.

그렇기에 영혼의 상태에 대해서 올바른 이성을 따르라고 말하는 것뿐만 아니라 올바른 이성이 무엇이고, 어떤 기준으로 그것을 결정할지를 판단해야 한다.

우리는 영혼의 덕을 둘로 구분해서 그 가운데 일부는 도덕적인 덕이고, 일부는 지적인 덕이라고 했다. 도덕적인 덕에 대해서는 이미 살펴보았다. 이제는 나머지 덕을 살펴볼 차례인데, 우선 영혼에 관해 이야기한 후 논의를 이어가자.

앞서 영혼에는 두 부분, 즉 이성적인 부분과 비이성적인 부분이 있다고 했다. 이제 이성을 가진 부분도 이와 비슷하게 구분해보자. 이성을 가진 부분도 둘이라고 가정하자. 그 가운데 하나는 그 원리가 다르게 있을 수 없는, 즉 최초 원인이 불변인 그런 대상을 성찰하는 것이고, 다른 하나는 그 원리가 다르게

도 있을 수 있는, 즉 최초 원인이 가변인 그런 대상을 성찰한다. 우리의 앎이 가능한 것은 그 대상과의 관계에 어떤 유사성이나 친족성이 있기 때문인 한, 종류가 다른 대상에 대해서는 영혼의 부분 중에서 종류가 다른 부분이 그 대상 각각에 상응하게 된다.

이 두 부분 가운데 전자를 학문적으로 인식을 담당하는 부분으로, 후자를 이성적 추론을 담당하는 부분이라 하자. 숙고와 이성적 추론은 같은 것이고, 그 누구도 불변하는 대상을 숙고하지 않기에 이성적 추론은 영혼에서 이성을 가지고 있는 것의 한 부분이다.

따라서 우리는 이 두 부분 각각에서 가장 좋은 최선의 상태가 무엇인지 알아내야 한다. 이런 최선의 상태가 각 부분의 덕이기 때문이다. 하지만 어떤 대상의 덕은 그런 대상에 고유한 기능과 관련이 있다.

욕망은 이성이 긍정하는 것을
추구해야 한다

영혼에는 행위와 진리를 주관하는 세 가지 것, 즉 '감각과 지성과 욕망'이 있다. 이 가운데 감각은 어떤 행위의 원인도 되지 못하며, 이는 동물에게도 감각은 있지만 행위를 할 능력은 없다는 사실에서 분명히 드러난다.

사유에서 긍정과 부정에 해당하는 것은, 욕망에서는 추구와 회피다. 따라서 도덕적인 덕은 이성적 선택과 관련된 성품이고, 이성적 선택은 숙고된 욕망이므로, 이성적 선택이 올바른 것이 되려면 이성도 참이요 욕망도 올바른 것이어야 하며 이성이 긍정하는 것을 욕망이 추구해야 한다. 이런 종류의 사유와 진리는 행위에 관련된 실천적인 것이다. 행위나 제작과 무관한 이론적 사유에서 좋음은 참이고, 나쁨은 거짓이다(모든 사유가 하는 일이 참과 거짓의 구별이다). 반면 실천적 사유의 기능은 올바른 욕망과 합치하는 진리를 이해하는 일이다.

그것으로부터 운동이 시작된다는 의미에서 원인일 뿐 행위의 목적이라는 의미에서의 원인은 아니라도, 행위의 원인은 이성적 선택이지만 이성적 선택의 원인은 욕망과 어떤 목적을 지향하는 이성이다. 따라서 이성적 선택은 지성과 사유 없이는, 또 도덕적 성품 없이는 존재하지 못한다. 좋은 행동과 나쁜 행동이 사유나 성품 없이는 존재하지 못하기 때문이다.

그런데 사유는 아무것도 움직이지 못해도 목적을 지향하지만, 실천적인 사유는 그렇지 않다. 이 사유는 제작과 관련된 사유까지도 주관한다. 무엇인가를 제작하는 사람이라면 누구나 어떤 목적을 위해 제작하고, 그렇게 제작된 것은 그 자체로 목적이 아니라 그저 다른 무엇인가를 위한 수단이거나 그 조건일 뿐이지만, 행해진 것은 그 자체로 목적이다. 올바른 행위가 목적이고, 욕망이 지향하는 목적이기도 하다. 그렇기에 이성적 선택은 욕망하는 지성이거나 사유하는 욕망이며, 행위의 그런 원인은 바로 인간이다.

그런데 이미 지나간 일은 어떤 것도 이성적 선택의 대상이 아니다. 예컨대 그 누구도 트로이아의 함락을 이성적으로 선택하지 않는다. 사람은 이미 벌어진 일이 아니라 장래에 올 일, 그래서 달라질 수도 있는 일을 숙고한다. 이미 벌어진 일을 일어나지 않게 할 수는 없으니까 말이다. 따라서 아가톤(아테네의 비극 시인으로, 플라톤의 『향연』에 등장하는 인물 ─ 옮긴이)이 이렇게 말한 것은 옳다. "이미 한 번 일어난 일을 되돌리는 것, 이것만은 신도 하지 못할 일이다."

지성의 두 부분은 참에 이르는 일을 한다. 따라서 지성의 각 부분이 참에 가장 잘 이를 수 있게 하는 성품, 그것이 바로 두 부분의 덕이다.

학문적 인식:
증명할 수 있는 능력의 상태

다시 처음으로 돌아가 이렇게 참을 인식하는 성품에 대해 살펴보자. 영혼이 그것을 긍정하거나 부정함으로써 참에 이르게 하는 것에는 다섯 가지가 있다고 하자. 이 다섯 가지는 '학문적 인식, 기술, 실천적 지혜, 직관적 지성, 철학적 지혜'이다. 여기에 추측과 의견을 포함시키지 않은 이유는 우리가 이런 추측과 의견에서 오류를 범할 수도 있기 때문이다.

학문적 인식이 무엇인지에 대해서 우리가 그저 비슷한 수준이 아니라 정확하게 말하려고 한다면, 다음에 이어질 논의를 살펴보면 분명해진다. 우리는 모두 학문적 인식을 통해 우리가 아는 것은 다른 식으로는 있을 수 없는 것, 즉 변함이 없는 것으로 여긴다. 그리고 다른 식으로 있을 수 있는 것, 즉 변하는 것은 우리 시야에서 벗어나자마자 그것이 존재하는지 존재하지 않는지를 알 수 없다. 따라서 학문적 지식의 대상은 필연적이고 따라서 영원하다. 그 본성상 필연적인 것은 모두 영원하며, 영원한 것은 생겨나지도 않고 소멸하지도 않기 때문이다.

모든 학문적 인식은 가르칠 수 있고 그 대상은 배울 수 있는 것으로 여겨진다. 『분석론』에서 이야기했듯이, 모든 가르침은 이미 알려진 것에서부터 시작한다. 어떤 때는 귀납을 통해, 어떤 때는 연역적 추론을 통해 그런 가르침이 이루어지기 때문이다.

귀납은 우리를 보편적 원리로 이끌고, 연역적 추론은 보편적 원리에서 출발한다. 그런데 연역적 추론이 보편적 원리에서 출발하지만 연역적 추론으로는 이런 원리에 이를 수 없고, 따라서 이런 원리는 귀납을 통해 얻은 것이다.

따라서 학문적 인식은 증명할 수 있는 능력의 상태이고, 우리가 『분석론』에서 구체적으로 열거한 그 밖에 다른 제한적 특징을 지닌다. 어떤 사람이 특정한 방식으로 확신을 지니고 있고 그 원리가 그에게 알려져 있다면, 그 사람은 학문적 인식을 가진 것이다. 만약 그 사람이 결론보다 보편적 원리를 더 잘 알고 있지 않다면, 그 사람은 그저 우연히 학문적 인식을 얻게 된 것에 지나지 않는다. 학문적 인식에 관한 설명은 이 정도로 해두자.

기술:
행위와는 아무 관련이 없다

다르게 있을 수 있는, 즉 변할 수 있는 것에는 제작과 행위가 포함된다. 하지만 제작은 행위와 다르다(세간의 논의를 통해서도 충분히 납득할 만한 논점이다). 따라서 이성을 동반한 행위에 관련된 성품은 이성을 동반한 제작에 관련된 성품과 다르다. 그렇기에 이 둘은 어느 쪽도 다른 쪽에 포함되지 않는다. 행위는 제작이 아닐뿐더러 제작도 행위가 아니기 때문이다.

건축술은 일종의 기술이므로 이성을 동반한 제작에 관련된 성품이다. 어떤 기술도 이성을 동반하지 않은 제작에 관련된 성품이 아니고, 그런 성품치고 기술이 아닌 것은 없으니 결국 기술은 참된 이성을 동반한 제작과 관련된 성품과 같은 것이다.

모든 기술은 생성, 즉 존재할 수도 있고 존재하지 않을 수도 있으며, 그 원리가 제작된 대상이 아니라 그 제작자에게 있는 것 중에서 무엇인가를 어떻게 생겨나게 할 것인지를 궁구하고 고안하는 일이다. 기술은 필연적으로 존재하거나 필연적으로 생성되는 것, 자연적으로 존재하거나 자연적으로 생성되는 것과는 무관하기 때문이다. 자연적으로 존재하는 것은 자기 안에 원리를 가지고 있으니까 말이다.

제작과 행위는 서로 다르기에 기술은 제작과 관련이 있고, 행위와는 아무 관련이 없다. "기술은 운을, 운은 기술을 사랑했다"는 아가톤의 말처럼 어떤 의미에서 운과 기술은 같은 것과 관련이 있다.

따라서 앞서 말했듯 기술이 참된 이성을 동반한 제작과 관련된 성품이라면 기술 없음은 거짓된 이성을 동반한 제작과 관련된 성품이고, 둘 다 달리 있을 수 있는 것, 변할 수 있는 것과 관련이 있다.

실천적 지혜:
학문적 인식도, 기술도 아니다

실천적 지혜가 무엇인지를 알아보기에 앞서, 우리가 어떤 사람을 실천적 지혜가 있는 사람이라고 하는지를 먼저 살펴보자. 건강이나 체력처럼 특별한 목적을 위해서가 아니라 전체적으로 잘 살아가기 위해서, 무엇이 자신에게 좋고 유용한지를 잘 숙고할 수 있음이 실천적 지혜가 있는 사람의 특징인 듯하다. 이는 어떤 사람이 기술에 해당하지 않는 분야의 일에서 어떤 좋은 목적을 이룰 수단을 잘 헤아릴 때 그 사람을 일컬어 어떤 일에서 실천적 지혜가 있는 사람이라고 한다는 사실에서 드러난다.

따라서 일반적으로 잘 숙고할 수 있는 사람이 실천적 지혜가 있는 사람이다. 하지만 변할 수 없는 것이나 자기가 할 수 없는 것은 아무도 숙고하지 않는다. 따라서 학문적 인식은 증명을 수반하지만 그 원리나 원인이 변할 수 있는 것에는 증명이 성립하지 않고(이런 원리나 원인에 좌우되는 모든 것은 변할 수 있기 때문이다), 필연적으로 존재하는 것도 숙고할 수 없다면 실천적 지혜는 학문적 인식일 수도, 기술일 수도 없다. 학문적 인식이 아닌 까닭은 행위의 대상이 다르게 존재할 수도 있기 때문이고, 기술이 아닌 까닭은 제작이 행위와 서로 유(類)가 다르기 때문이다.

그렇다면 남아 있는 선택지는 실천적 지혜가 인간에게 좋은 것, 나쁜 것과 관련해서 이성을 동반한 참된 실천적 성품이라는 것이다. 제작은 그 자체와 다른 목적을 가지지만 행위는 그렇지 않다. 이는 좋은 행위 또는 잘 행동하는 것 자체가 행위의 목적이기 때문이다.

우리가 페리클레스(고대 아테네의 최고 정치가로 내적으로는 아테네 민주주의의 전성기를 이끌었고, 외적으로는 여러 군사적 업적을 통해 아테네가 최고의 전성기를 구가할 수 있게 함 – 옮긴이)나 그와 비슷한 사람이 실천적 지혜를 지녔다고 생각하는 이유는 이들이 자신뿐 아니라 보통 사람에게 무엇이 좋은 것인지를 알았기 때문이다. 우리는 집안 살림을 잘 꾸리거나 국가를 잘 다스리는 정치가도 그런 사람이라고 생각한다.

우리가 절제를 '소프로시네(sophrosyne)'라고 부르는 이유가 바로 여기에 있다[아리스토텔레스에 따르면, '소프로시네'는 '보존한다'는 의미의 접두어 'so-(sozein)'와 '실천적 지혜'라는 의미의 '프로네시스(phronesis)'가 결합한 형태임 – 옮긴이]. 절제란 '실천적 지혜를 보존하는 것'이기 때문이다. 그런데 절제가 보존하는 것은 우리가 앞서 설명한 종류의 판단이다. 이런 판단은, 예컨대 삼각형의 내각을 모두 더하면 두 직각과 같은지에 관한 판단처럼 모든 판단이 아니라 오직 행위에 관련된 판단만을 파괴하거나 왜곡하기 때문이다. 행위의 원리 또는 행위를 낳는 원인은 그 행위가 지향하는 목적이지만 즐거움이나 고통으로 망가진 사람은 그 원리를 제대로 보지 못한다. 그리고 이런 목적을 위해서, 이런 목적을 이유로 모든 것을 선택해서 행해야 한다는 사실을 제대로 보지 못한다. 악덕은 원리를 파괴한다. 따라서 실천적 지혜는 인간의 좋음과 관련해서 이성을 동반한 참된 실천적 성품일 수밖에 없다.

기술은 좋은 목적을 위해서도, 나쁜 목적을 위해서도 쓰일 수 있지만 실천적 지혜는 그렇지 않다. 기술에서는 자발적인 잘못이 비자발적인 잘못보다 나쁘지 않지만 모든 덕의 경우에서와 마찬가지로 실천적 지혜에서는 자발적인 잘못이 비자발적인 잘못보다 더 나쁘다. 따라서 실천적 지혜는 일종의 덕이지 기술이 아님은 분명하다.

이성을 지닌 영혼에는 두 부분이 있는데, 실천적 지혜는 학문적 인식이 관련된 부분과는 다른 부분의 덕, 즉 의견을 형성하는 부분의 덕일 수밖에 없다. 의견은 변할 수 있는 것과 관련이 있는 것이고, 실천적 지혜 또한 그렇기 때문이다. 하지만 실천적 지혜가 그저 이성을 동반한 성품인 것만은 아닌데, 이는 그런 성품은 망각될 수 있지만 실천적 지혜는 그렇지 않다는 사실에서 드러난다.

직관적 지성:
제1원리를 파악할 수 있다

학문적 인식은 보편적이고 필연적인 것에 대한 판단이고, 증명된 결론과 모든 학문적 인식은 제1원리에서 비롯된다. 학문적 인식은 이성을 수반하기 때문이다.

학문적으로 인식되는 것이 따르는 제1원리는 학문적 인식이나 기술이나 실천적 지혜의 대상일 수 없다. 학문적으로 인식되는 것은 증명될 수 있지만 기술과 실천적 지혜는 변할 수도 있는 대상을 다루기 때문이다. 그렇다고 철학적 지혜가 다루는 대상이 제1원리도 아니다. 이는 무엇인가를 논증하는 일이 바로 철학적 지혜가 있는 사람임을 나타내는 징표이기 때문이다.

따라서 변하는 것의 영역에서든, 변치 않는 것의 영역에서든, 우리가 그것을 통해 어떤 잘못도 끼어들지 않은 상태에서 참을 파악하는 정신의 상태가 '학문적 인식, 실천적 지혜, 철학적 지혜와 직관적 이성'이라고 한다면 그중에서 '학문적 인식, 실천적 지혜, 철학적 지혜'는 제1원리를 파악할 수 없다. 그렇기에 '제1원리를 포착하는 것은 직관적 지성'이라는 것이 유일하게 가능한 결론이다.

철학적 지혜:
학문적 인식 중 가장 정확한 것

　우리는 기술에 가장 정통한 사람을 '달인'이라는 의미에서 지혜롭다고 한다. 이때 '지혜롭다'는 말은 기술이 탁월하다는 것 이외의 다른 뜻이 아니다. 하지만 우리는 지혜로운 사람 가운데 어떤 사람은 어떤 특별한 분야나 어떤 제한된 측면에서만 지혜로운 게 아니라 일반적인 측면에서 두루 지혜롭다고 말한다. 그래서 호메로스는 시 〈마르기테스〉에서 이렇게 말했다. "신들은 그를 땅 파는 사람이나 농부로 만들지 않았고, 그 밖의 다른 일에 지혜로운 사람으로 만들지도 않았다."

　따라서 학문적 인식 중에서 가장 정확한 것이 철학적 지혜임은 분명하다. 지혜로운 사람은 제1원리에서 비롯된 것을 알아야 하는 것은 물론이요, 제1원리 자체에 대해서도 참된 인식이 있어야 한다. 따라서 철학적 지혜는 학문적 인식과 직관적 지성이 합쳐진 것이고 더없는 완벽함이 더해진, 가장 고귀한 것에 대한 최고의 학문적 인식이다. 진실로 인간이 이 우주에 존재하는 것 중에서 최선의 것이 아니라면, 정치술이나 실천적 지혜를 최고의 지식으로 여기는 것은 이상한 일이 될 것이다.

건강하다거나 좋다는 말은 인간과 물고기에게 있어 서로 다른 의미일 것이다. 그러나 흰 것과 곧은 것이 인간이나 물고기에게 있어 언제나 같은 것이라면, 누구든 철학적으로 지혜로운 것은 언제나 같겠지만 실천적으로 지혜로운 것은 다르다고 할 것이다. 세간에서는 자기와 관련된 일을 명민하게 헤아리는 사람은 실천적 지혜가 있는 사람으로 부르고, 그런 일을 실천적 지혜가 있는 사람에게 맡기는 게 적절하다고 여기기 때문이다. 그런 까닭에 몇몇 동물에게는 자기 생명과 관련된 문제를 내다보는 능력이 있는 것처럼 보이기에 그런 동물에게도 실천적 지혜가 있다고까지 이야기하기도 한다.

또한 철학적 지혜와 정치술이 서로 같지 않다는 점도 분명하다. 만약 우리가 우리 자신에게 이득이 되는 것에 관련된 앎에 철학적 지혜라는 말을 쓴다면, 수많은 철학적 지혜가 존재할 것이다. 무엇이 좋은 것인지에 관한 지혜는 모든 동물에게 똑같지 않고, 각각의 종마다 다른 지혜가 있을 테니 말이다.

이는 존재하는 모든 생명에 적용할 수 있는 단 하나의 의술 따위는 없는 것과 같다. 인간이 모든 동물 중에서 가장 뛰어난 존재라고 하더라도, 이 문제에서는 사정이 전혀 달라지지 않는다. 가령 이 우주를 이루는 천체(天體)처럼 그 본성이 인간보다 더 신적인 다른 존재가 있으니까 말이다.

그렇다면 앞서 이야기한 것에서 분명한 것은 철학적 지혜가 본성상 가장 고귀한 것을 다루는 학문적 인식으로 직관적 이성과 합쳐진 것이라는 점이다. 그런 까닭에 아낙사고라스 (Anaxagoras, 기원전 5세기경에 활동한 이오니아 출신의 고대 그리스의 철학자로, 세상 만물을 자연학적 방법으로 이해하려 했음 - 옮긴이)와 탈레스 (Thales, 기원전 6세기경에 활동한 고대 그리스의 철학자로 최초의 철학자이자 최초의 수학자임 - 옮긴이) 같은 이들이 자신에게 유익한 것을 알지 못한 채 지내는 것을 보면서, 이들을 철학적 지혜는 있으되 실천적 지혜가 있다고 하지 않는 것이다. 또한 세간에서는 이들이 비범한 것, 놀라운 것, 어려운 것, 신적인 것에 관해서는 잘 알지만 그들이 추구하는 것이 인간에게 좋은 것은 아니기에 쓸모가 없다고 말한다.

반면에 실천적 지혜는 인간에게 좋은 것과 숙고할 수 있는 것에 관심을 둔다. 우리는 그 어떤 것보다도 그렇게 잘 숙고하는 일이 실천적 지혜가 있는 사람이 할 일이라고 하지만, 변하지 않는 것이나 인간의 행위가 이뤄낼 만한 좋음이 그 목적이 아닌 것은 그 누구도 숙고하지 않기 때문이다. 일반적으로 숙고에 능한 사람은 행위를 통해 이뤄낼 수 있는 것 중에서 인간에게 가장 좋은 것을 잘 헤아려 이뤄낼 수 있는 사람이다.

실천적 지혜는 보편적인 것에 관심을 가질 뿐만 아니라 개별적인 것까지도 알아야 한다. 실천적 지혜는 실천적인데, 행위 또는 실천은 개별적인 것에 관심을 두기 때문이다. 이런 이유에서 보편적인 것을 몰라도 폭넓은 경험을 갖춘 사람이 보편적인 것을 알고 있는 사람보다 더 실천적인 경우도 있다. 어떤 사람이 연한 고기가 소화도 잘되고 건강에도 좋다는 것을 알고는 있지만 어떤 종류의 고기가 연한지 모른다면, 그 사람은 건강해지기 어려울 것이다. 그러나 닭고기가 건강에 좋다는 것을 아는 사람은 건강해질 가능성이 더 크다.

실천적 지혜는 행위에 관심을 둔다. 따라서 보편적인 것과 개별적인 것을 모두 알아야 하지만 둘 중에서 특히 후자를 더 잘 알아야 한다. 이런 실천적 지혜에도 모든 유형을 총괄하는 그런 실천적 지혜가 있음은 분명하다.

실천적 지혜:
학문적 인식의 대상이 아니다

정치술과 실천적 지혜는 사실상 같은 성품이기는 하지만 그 본질은 서로 다르다. 국가를 대상으로 하는 실천적 지혜 중 총괄하는 역할을 담당하는 최고의 지혜가 입법적 지혜다. 반면 개별적인 사례를 다루는 특별한 지혜를 정치적 지혜라는 이름으로 총칭한다. 이런 정치적 지혜의 영역에서는 행위와 숙고가 이뤄진다. 의결이 개별적 행위의 형태로 이뤄지기 때문이다. 그래서 세간에서는 개별적인 것을 다루는 이들만을 일컬어 '정치에 참여한다'고 말한다. 이 사람들만이 수공업자가 자기 일을 하는 방식처럼 그렇게 정치라는 일을 하기 때문이다.

이런 지혜가 특히 실천적 지혜라고 여겨지는 것은 개인과 그 사람의 개인사에 적용될 때이고, 이런 형태의 실천적 지혜를

'프로네시스(phronesis)', 즉 실천적 지혜라는 이름으로 총칭한다. 이런 실천적 지혜의 다른 형태로는 살림살이와 입법 그리고 정치술이 있고, 이 중 마지막 형태인 정치술은 다시 심의적인 것과 사법적인 것으로 나뉜다.

자기에게 좋은 것이 무엇인지 아는 것도 일종의 앎일 테지만, 이는 다른 앎과는 크게 다르다. 세간에서는 자기 일을 알고 신경 쓰는 사람을 실천적 지혜가 있다고들 하지만 정치가는 일을 벌이기 좋아하는 호사가(好事家)라고들 한다. 그렇기에 에우리피데스(고대 그리스의 3대 비극 작가 중 한 명 – 옮긴이)는 이렇게 말했다. '무수한 병졸 틈에 끼어 / 그들과 같은 몫을 받아가며 / 하는 일도 없이 빈둥거리며 지내는데/ 내 어찌 실천적 지혜를 발휘할 수 있을까? / 목표는 고매하고 할 일은 너무 많은 저 사람은 …'

사람은 보통 자신에게 좋은 것을 추구하고, 그렇게 하는 것이 마땅하다고 생각한다. 바로 이런 생각에서 그런 사람에게 실천적 지혜가 있다는 생각을 하게 되었다. 하지만 자기에게 좋은 것은 집안의 살림이나 정치체제 없이는 있을 수 없다. 게다가 자기 일을 어떻게 해나가야 할지도 분명치 않으니 검토할 필요도 있다.

지금까지 말한 것이 옳다는 점을 확인해주는 사실은, 나이가 젊더라도 기하학자나 수학자가 되고 그러한 일에서 지혜로울 수는 있겠지만 실천적 지혜를 갖춘 젊은이는 좀처럼 찾기 어렵다는 것이다. 그 이유는 실천적 지혜는 보편적인 것뿐만 아니라 개별적인 것도 그 대상으로 삼는데, 개별적인 것은 경험을 해봐야 익숙해지기에 젊은이에게는 그런 경험이 없다는 데 있다. 그런 경험을 쌓으려면 오랜 세월이 필요하니까 말이다.

소년이 수학자는 될 수 있는데 왜 현인이 되거나 자연에 대한 지식에는 정통할 수 없는지 질문해볼 수 있을 것이다. 그 대답은 수학은 추상적인 것을 다루는 학문이지만 지혜나 자연학의 원리는 오직 폭넓은 경험에서만 나오기 때문이라는 것이다. 또한 후자는 확신하지 못하면서 그저 이야기를 늘어놓는 데 불과하지만 수학적 대상은 그 본질이 명확하기 때문이기도 하다.

숙고하다 보면 잘못이 생기기도 하는데, 이런 잘못은 보편적인 것에서 생기기도 하고 개별적인 것에서 생기기도 한다. 무거운 물은 모두 나쁘다는 판단에서 잘못을 범할 수도 있고, 이물이 무겁다는 판단에서 잘못을 범할 수도 있다.

실천적 지혜가 학문적 인식이 아니라는 점은 분명하다. 앞서 말했듯이 실천적 지혜는 최종적인 개별 사실을 그 대상으로 삼기 때문이다. 행위로 성취할 수 있는 것은 그 본성이 이런 것이어야 하니까 말이다. 따라서 실천적 지혜는 직관적 지성과 대립한다. 직관적 지성은 논증할 수 없는 기본 원리를 다루지만 실천적 지혜는 학문적 인식의 대상이 아니라 지각으로만 파악되는 최종적인 것을 다루기 때문이다.

여기서 지각은 개별 감각에 고유한 특징을 지각한다고 할 때의 그 지각이 아니라, 우리 앞에 놓인 이 최종적인 도형이 삼각형임을 지각할 때의 그 지각이다. 바로 여기에서 학문적 인식이 멈춘다. 하지만 이것은 실천적 지혜라기보다는 지각이다. 물론 이때 지각은 개별 감각에 고유한 특징을 지각하는 것과는 다른 지각이지만 말이다.

심사숙고:
숙고에 나타난 일종의 올바름

탐구와 숙고는 다르다. 숙고는 탐구의 특별한 종류 가운데 하나이기 때문이다. 우리는 심사숙고한다는 것이 무엇인지 알아야 한다. 그것이 일종의 학문적 인식인지, 의견인지, 추측의 기법인지, 아니면 그 밖에 다른 무엇인지를 알아야 한다는 말이다.

심사숙고하는 것은 우선 학문적 인식은 아니다. 사람은 자기가 알고 있는 것에 관해서는 탐구하지 않지만, 심사숙고하는 것은 숙고의 일종이고 숙고하는 사람은 탐구하고 이성적으로 헤아려보기 때문이다.

심사숙고하는 것은 추측의 기법도 아니다. 추측은 이성적인 추론 없이 빠르게 이뤄지지만 숙고하는 데는 오랜 시간이 걸리고, 숙고해서 내린 결론은 빠르게 실행해야 하지만 숙고는 천천히 하라고들 한다.

게다가 생각의 신속함도 심사숙고와 다르다. 생각의 신속함은 추측의 일종이다.

또한 심사숙고하는 것은 어떠한 종류의 의견도 아니다. 제대로 숙고하지 못한 사람은 잘못을 범하지만, 심사숙고하는 사람은 올바르게 숙고하기에 이런 심사숙고는 일종의 올바름이다. 그런데 이는 학문적 인식의 올바름도 아니요, 의견의 올바름도 아니다. 학문적 인식에는 잘못된 것이 없으므로 올바른 것도 없을뿐더러 의견의 올바름은 곧 참이기 때문이다. 이와 동시에 의견의 대상이 되는 모든 것은 이미 결정되어 있다.

그런데 이성적 추론이 없다면 심사숙고도 없다. 따라서 남은 선택지는 '심사숙고가 사유의 올바름'이라는 사실뿐이다. 사유가 아직은 주장이 아니기 때문이다. 또한 의견은 탐구가 아니라 이미 어떤 주장의 단계에 이른 것이어서 숙고하는 사람이 그런 숙고를 잘하는 때든 못하든 때든 그 사람은 무엇인가를 탐구하고 이성적으로 헤아려보기 때문이다.

심사숙고한다는 것은 숙고에 나타난 일종의 올바름이다. 따라서 우리는 먼저 숙고가 무엇이고, 무엇을 대상으로 삼는지를 탐구해야 한다. 그런데 올바름에는 여러 의미가 있어서 심사숙고에서 올바른 것이 모든 의미에서 올바른 것이 아님은 분명하다. 자제력이 없는 사람이나 악한도 이성적으로 헤아려서 자신이 목전에 세워둔 목적에 이를 텐데, 그 사람은 이렇게 올바르게 숙고했으면서도 스스로 큰 해악을 저지르게 될 것이기 때문이다. 하지만 심사숙고하는 것은 그 자체로 좋은 것으로 여겨진다. 숙고에서 이런 식의 올바름, 즉 좋은 것에 도달하게 하는 올바름이 바로 심사숙고이기 때문이다.

하지만 심지어 그릇된 삼단 논법으로도 좋은 것에 이를 수 있고, 중간항이 잘못된 탓에 잘못된 방식으로 마땅히 해야 할 일을 행할 수도 있다. 단, 올바르지 않은 방식으로 마땅히 해야 할 일을 행한 이 상태는 심사숙고가 아니다.

어떤 사람은 오래 숙고해서 올바른 결론에 이를 수 있고, 어떤 사람은 짧게 숙고해도 올바른 결론에 이를 수 있다. 오래 숙고한다고 해서 심사숙고하는 게 아니며, 심사숙고한다는 것은 유익함에 관련된 올바름이자 마땅히 도달해야 할 목적과 그것에 도달하는 마땅한 방법과 마땅한 시간에 관련된 올바름이기도 하다.

또한 절대적인 의미에서 심사숙고할 수도 있고, 개별적인 목적과 관련해서 심사숙고할 수도 있다. 절대적 의미에서 심사숙고하는 것은 절대적인 목적을 제대로 성취하는 것이고, 개별적 의미에서 심사숙고하는 것은 개별적인 그 목적을 제대로 성취하는 것이다. 따라서 심사숙고하는 것이 실천적 지혜가 있는 사람의 특징이라면, 심사숙고한다는 것은 목적을 이루는 데 유용한 것과 관련된 올바름일 테고, 이런 목적을 참되게 파악하는 것이 바로 실천적 지혜다.

이해력:
실천적 지혜와는 다르다

우리가 이해력 있는 사람이라거나 이해력이 좋은 사람이라고 말할 때 이해력이나 좋은 이해력은 의견이나 학문적 인식과 전적으로 같은 말은 아니다(만약 그랬다면 모든 사람이 이해력 있는 사람이었을 테니까 말이다). 이해력이 있다는 것은 건강을 다루는 학문인 의술이나 공간의 크기를 다루는 학문인 기하학처럼 개별 학문적 의식 중 하나인 것도 아니다. 이해력이 다루는 대상은 언제나 그대로여서 변치 않는 것이나 생겨나는 것 중에서 어느 하나가 아니라 의문과 숙고의 대상이 될 수 있는 것이기 때문이다.

그렇기에 이해력은 실천적 지혜와 똑같은 대상을 다룬다. 하지만 그렇다고 해서 이해력과 실천적 지혜가 같은 것은 아니다. 실천적 지혜는 마땅히 해야 하는 것과 해서는 안 되는 것에 대해 명령을 내리고 이것이 바로 실천적 지혜의 목적이지만, 이해력은 오직 판단을 내리기만 한다. 이해력이 있다는 것은 이해력이 좋다는 것이고, 이해력이 있는 사람은 이해력이 좋은 사람이다.

그런데 이해력은 실천적 지혜를 소유하고 있는 것도, 획득하는 것도 아니다. 학문적 인식을 활용해 배워서 알 때도 이해력이 있다고 하는 것처럼 실천적 지혜와 관련해서도 남에게 들은 의견을 활용해 판단을 내릴 때도 훌륭하게 판단했다면 이해력이 있다고 한다. 잘 판단한다는 것은 훌륭하게 판단하는 것과 같기 때문이다.

우리가 어떤 사람을 이해력이 좋다고 할 때 그런 이해력이라는 명칭도 배워 아는 것에서 생긴 이해력으로부터 연유한 것이다. 흔히 우리는 배워 아는 것을 일컬어 이해했다고 하기 때문이다.

통찰력:
무엇이 참인지를 통찰하다

어떤 사람이 공감적 통찰력이 있고 통찰력을 갖췄다고 할 때 그 통찰력은 공정한 것을 올바르게 가려내는 능력이다. 이는 우리가 말하길 공정한 사람이 다른 누구보다도 공감적 통찰력이 있고, 어떤 사실에 대해서 공정함을 공감적 통찰력과 같은 것으로 여긴다는 사실에서 드러난다. 또한 공감적 통찰력은 공정한 것을 정확히 가려내는 통찰력이고, 여기서 '정확하게 통찰한다'는 말은 무엇이 참인지를 통찰한다는 뜻이다.

우리가 위에서 언급한 상태가 모두 같은 방향을 지향하는 데는 그럴 만한 이유가 있다. 우리는 통찰력과 이해력, 실천적 지혜와 직관적 지성을 모두 같은 사람에게 적용하고서는 그 사람이 어느 정도 나이를 먹으면서 실천적 지혜와 이해심처럼 통찰력과 직관적 지성을 얻게 되었다고 말한다. 이런 능력은 모두 최종적인 것, 즉 개별적인 것을 다루기 때문이다. 어떤 사람이 실천적 지혜와 관련된 대상을 판단할 수 있을 때 우리는 그 사람에게 '이해력이 있고 통찰력이 뛰어나거나 공감적 통찰력이 있다'고 한다. 공정함은 다른 사람과 관계를 맺으면서 좋은 사람이라면 누구나 관심을 가질 공통 관심사이기 때문이다.

그런데 마땅히 행해져야 하는 대상은 모두 개별적이거나 최종적인 것에 속한다. 실천적 지혜가 있는 사람은 마땅히 개별적인 사실을 알아야 할 뿐만 아니라 이해력과 통찰력도 행해져야 할 대상과 관련이 있으며 그런 대상이 바로 최종적인 것이기 때문이다.

직관적 지성 또한 양방향에서 최종적인 것을 대상으로 삼는다. 제1 명제와 최종 명제는 직관적 이성이 다루는 대상이지 이성적 추론의 대상이 아니기 때문이다. 직관적 지성은 증명에서는 불변하는 제1의 명제를 파악하고, 행위와 관련된 추론에서는 최종 명제와 가변적인 것, 즉 소전제를 파악한다. 직관적 지성이 다루는 이런 사실이 행위의 목적에 이르기 위한 출발점이기 때문이다. 개별적인 사실에서 보편적인 원리가 도출되니까 말이다. 따라서 우리는 이런 개별적 사실을 지각해야 하며, 이런 지각이 바로 직관적 이성이다.

이런 이유로 이런 상태가 자연적이라고들 하지만 자연적으로 지혜로운 사람은 없다고 생각하면서도 통찰력과 이해심, 직관적 이성을 자연적으로 얻게 된다고 생각한다. 이는 우리가 그 나이에 걸맞은 능력이 있게 마련이고 특정한 나이대가 되면 자연스럽게 직관적 지성과 통찰력을 얻게 된다고 생각한다는 사실에서 잘 드러난다(따라서 직관적 이성은 처음이자 끝이다. 증명은 여기에서 시작해서 여기에서 종결되기 때문이다). 따라서 우리는 경험이 많고 나이 든 사람이나 실천적 지혜가 있는 사람이 하는, 증명될 수 없는 말이나 의견을 증명만큼이나 존중해서 살펴야 한다. 그런 사람은 경험을 통해서 얻은 안목으로 바르게 보기 때문이다.

이렇게 우리는 실천적 지혜와 철학적 지혜가 무엇이고, 그 각각이 무엇을 다루는지를 살펴보았고, 이러한 각각의 지혜가 영혼의 다른 부분에 속한 덕이라고 말했다.

실천적 지혜는
왜 필요한가

그런데 이런 영혼의 여러 미덕을 대체 어디에 쓰냐고 의문을 던지는 사람도 있을 것이다. 철학적 지혜는 무엇인가가 어떻게 생겨나는지를 전혀 묻지 않기에, 인간을 행복하게 해줄 어떤 일도 살피지 않는다. 실천적 지혜가 물론 이런 일을 다루기는 하지만 무슨 목적으로 우리에게 그런 실천적 지혜가 필요한 것일까?

실천적 지혜는 인간에게 정의롭고 고귀하며 좋은 것을 그 대상으로 하는 마음의 특징으로, 좋은 사람이라면 마땅히 해야 할 일의 일부이기도 하다. 그러나 덕이 성품의 상태인 한, 그런 실천적 지혜를 안다고 해서 우리가 그런 실천적 지혜를 행하기에 더 적합한 사람이 되는 것은 아니다. 이는 건강함이나 좋은 몸 상태를 안다고 해서, 그런 상태를 만들어내는 게 아니라 그런 상태에서 비롯하는 것이라는 의미에서는 더 낫게 행동할 수 있는 것이 아닌 것과 마찬가지다. 우리에게 의술이나 체육의 기술이 있다고 해서 더 잘 행동할 수 있게 되는 것은 아니니까 말이다.

그런데 우리가 도덕적으로 참인 것을 알기 위해서가 아니라 좋은 사람이 되기 위해서 실천적 지혜가 있어야 한다고 말한다면, 실천적 지혜는 정작 훌륭한 사람에게는 아무짝에도 쓸모가 없고 그런 덕을 갖추지 못한 사람에게도 쓸모가 없을 것이다. 사람이 스스로 실천적 지혜를 지니고 있든, 아니면 그런 지혜가 있는 사람에게서 듣고 그 말을 따르든 아무 차이는 없다. 비록 건강을 바란다고 해서 의술을 배우지는 않겠지만 우리가 건강하고자 한다면 하던 대로 행하면 충분하기 때문이다.

그 밖에도 만약 실천적 지혜가 철학적 지혜보다 열등하다면, 이런 실천적 지혜가 철학적 지혜를 주관하는 것이 이상하게 여겨질 것이다. 무엇인가를 만들어낸 것이 만들어진 것을 지배하고 명령하는 법이니까 말이다.

지금까지는 이에 관한 의문을 제기한 수준이었다면, 이제는 이와 관련된 문제를 살펴보자.

첫째, 철학적 지혜와 실천적 지혜는 각각 영혼을 이루는 두 부분에 고유한 덕이고, 설령 이 둘이 모두 아무것도 만들어내지 않는다 하더라도 그 자체로서 반드시 선택할 만한 것이라고 말해두자.

둘째, 철학적 지혜와 실천적 지혜는 무엇인가를 만들어낸다. 다만 의술이 건강을 낳는 방식이 아니라 건강한 상태가 건강을 낳는 방식으로 말이다. 이런 식으로 철학적 지혜는 행복을 낳는다. 철학적 지혜는 전체 덕의 한 부분이기에 이런 덕을 소유하고 실행함으로써 인간을 행복하게 만든다.

반면 우리는 실천적 지혜와 도덕적인 덕에 따라 행할 때 우리에게 주어진 기능을 완벽히 수행하게 된다. 지향하는 목적의 올바름을 보장하는 것이 도덕적인 덕이라면, 그런 목적을 이루는 수단의 올바름을 보장하는 것은 실천적 지혜다. 영혼의 네 번째 부분, 즉 자양분을 섭취하는 부분에는 이런 종류의 덕이 없다. 이 부분에는 행위를 하거나 하지 않을 아무 능력도 없기 때문이다.

우리에게 고귀하고 정의로운 것이 무엇인지를 아는 실천적 지혜가 있다고 해서 우리가 그런 덕을 더 잘 행할 수 있는 것은 아니라는 반론과 관련해서, 뒤로 조금 거슬러 올라가 다음과 같은 원리에서 출발해보자. 우리는 어떤 사람이 정의롭게 행동한다고 해서 반드시 정의로운 사람은 아니라고 말한다. 법이 정한 대로 정의롭게 행동하지만 마지못해 그렇게 하거나 무지 때문이거나 그 밖의 다른 이유로 그렇게 행동할 뿐이다. 그 행위 자체만을 위해서 그런 것이 아니었다면, 비록 마땅히 해야 할 일을 하고 좋은 사람이라면 마땅히 그렇게 했을 일을 하는 것이 분명하더라도 아직은 정의로운 사람이 아니라는 말이다. 마찬가지로 몇 가지 행위를 하면서 어떤 성품의 상태에 있어야, 즉 이성적 선택의 결과이자 그러한 행위 그 자체를 위해서 행한 사람만이 좋은 사람일 것이다.

덕은 이성적 선택을 올바르게 만들지만 이성적 선택을 실행하기 위해서 적절히 행해야 할 것이 무엇인지 결정하는 문제는 덕이 아니라 또 다른 능력에 속한다. 우리는 이 점을 조금 더 살펴보면서 명확히 해야 한다.

여기에는 세간에서 영리함이라고들 하는 능력이 있다. 영리함은 우리가 자기 앞에 세워놓은 목표를 향해 나아가게 해서 마침내 그 목표를 이루게 하는 능력이다. 만약 그 목표가 고귀한 것이라면 영리함은 칭송받을 만한 것이지만, 그 목표가 수치스러운 것이라면 이때의 영리함은 그저 교활함이 될 뿐이다.

그런 까닭에 우리는 심지어 실천적 지혜가 있는 사람이나 교활한 사람 모두에게 영리함이라는 말을 쓰기도 한다.

실천적 지혜는 영리함이라는 능력은 아니지만 그런 영리함이 없이는 존재하지 못한다. 앞서 말했고 또한 분명하듯, 덕이 돕지 않으면 영혼의 눈이라고 부를 만한 이 능력은 만개하지 못한다. 행위를 대상으로 하는 삼단 논법이나 모든 연역적 추론은 '목적이나 최고선은 이러저러한 것'이라는 것을 그 출발점, 즉 원리나 대전제로 삼기 때문이다(그것이 무엇인지는 상관없다. 여기서는 논의의 목적을 위해서는 무엇이든 좋으니 말이다). 최고선은 좋은 사람에게나 그렇게 보일 뿐이다. 악은 우리를 왜곡하고 행위의 출발점에 대해서 우리를 기만한다. 따라서 도덕적으로 좋은 사람이 아니면 실천적 지혜가 있는 사람이 되지 못함은 분명하다.

엄밀한 의미의 덕은
실천적 지혜 없이는 불가능하다

따라서 우리는 덕에 관해 다시 한번 살펴보지 않으면 안 된다. 실천적 지혜가 영리함과 비슷하지만 같지는 않듯이, 덕과 관련해서도 자연적인 덕과 엄밀한 의미의 덕 역시 비슷하지만 같지는 않다. 사람은 누구나 각각의 성품이 어떤 의미에서는 천성적으로 그 소유자에게 속한다고 생각한다. 우리는 태어나는 그 순간부터 정의롭다거나 절제력이 있다거나 용기 있다거나 하는 도덕적 특징을 지닌다. 그렇지만 우리는 그것과 다른, 엄밀한 의미의 좋은 것을 추구하면서 그런 것을 자연적인 것과 다른 방식으로 얻길 기대한다.

아이에게나 동물에게도 모두 이런 특징에 대한 자연적인 성향이 있지만 지성이 없으면 그런 특징이 해로울 것은 뻔하다.

강건한 신체가 눈이 없이 움직이면 보이지 않는 탓에 크게 넘어질 수도 있는 것처럼, 그런 특징 때문에 잘못된 방향으로 엇나가는 사람을 많이 보는 듯하다.

하지만 일단 지성을 갖추면 행위가 바뀐다. 성품 자체는 여전히 다를 바 없겠지만 이제는 엄밀한 의미의 덕이 된다. 따라서 우리 가운데서 의견을 형성하는 부분에 '영리함과 실천적 지혜'라는 두 종류가 있듯이, 도덕적인 부분에도 '자연적인 덕과 엄밀한 의미의 덕'이라는 두 종류가 있다. 이 중에서 엄밀한 의미의 덕은 실천적 지혜가 없이는 불가능하다.

이런 까닭에 어떤 이는 덕은 모두 실천적 지혜의 형태라고 말했고, 소크라테스도 어떤 것에서는 올바른 방향으로 나아갔지만 다른 것에서는 잘못된 방향으로 나아갔던 것이다. 소크라테스는 덕이 모두 실천적 지혜의 형태라고 생각했다는 점에서는 틀렸지만, 실천적 지혜가 없다면 덕은 불가능하다고 말했다는 점에서는 옳았다. 이는 지금도 누구나 덕을 정의하면서 그런 덕이 어떤 성품이고 그 대상이 무엇인지를 이야기하고 나서 덕이란 올바른 이성을 따르는 성품이라고 덧붙인다는 사실에서 확인된다. 여기서 올바른 이성이란 실천적 지혜를 따르는 이성이라는 뜻이다. 따라서 누구든 이런 종류의 성품이 덕이라는 사실, 즉 실천적 지혜를 따르는 성품이 덕이라는 사실을 어쨌든 짐작하고 있는 듯하다.

하지만 우리는 이 말을 살짝 바꿀 필요가 있다. 덕은 올바른 이성에 따르는 성품일 뿐만 아니라 올바른 이성을 수반한 성품이기도 하니까 말이다. 이 문제와 관련해서, 올바른 이성은 실천적 지혜다. 그래서 소크라테스는 덕이 이성의 형태라고 주장했지만(그는 덕이 모두 학문적 인식의 형태라고 생각했다), 우리는 덕이 이성을 수반한다고 생각한다.

지금까지 언급한 내용으로 비춰볼 때 실천적 지혜가 없으면 엄밀한 의미의 좋은 사람이 되지 못하고, 도덕적인 덕이 없으면 실천적 지혜가 있는 사람이 되지 못한다는 사실이 분명하다.

하지만 우리는 이런 식으로 덕이 서로 따로 분리된 채로 존재한다고 주장하는 논변을 반박할 수도 있다. 이런 논변은 어떤 사람이 모든 덕을 두루 갖추고 태어날 수는 없으니, 어떤 덕은 이미 갖고 있지만 다른 덕은 아직 얻지 못했다고 주장한다. 이런 주장은 자연적인 덕과 관련해서는 가능하겠지만 일반적으로 좋은 사람이라고 일컫는 사람의 덕과 관련해서는 불가능하다. 하나의 특징, 즉 실천적 지혜가 있으면 모든 덕도 갖게 될 것이기 때문이다.

설령 실천적 지혜가 실천적인 가치가 없었더라도 실천적 지혜는 우리 본성을 이루는 한 부분의 덕이기에 우리에게 그런 실천적 지혜가 꼭 필요하다는 것은 분명하고, 덕이 없거나 실천적 지혜가 없다면 이성적 선택을 올바르게 내리지 못할 것도 분명하다. 덕은 목적을 결정하고, 실천적 지혜는 그런 목적으로 이끄는 행위를 하도록 만들기 때문이다.

그렇다고 실천적 지혜가 철학적 지혜, 즉 우리 본성에서 더 우월한 부분을 지배하지는 않는다. 이는 의술이 건강함을 지배하지 않는 것과 마찬가지다. 의술은 건강함을 이용하는 것이 아니라 건강해지도록 돌볼 뿐이다. 의술은 건강함에 대해서가 아니라 건강함을 위해서 명령한다. 나아가 '실천적 지혜가 철학적 지혜를 지배한다'는 주장은 정치술이 국가와 관련된 온갖 일을 명령하니 신들을 지배한다고 말하는 것이나 다름없다.

7장

자제력이 있는 것과
자제력이 없는 것

절제와 자제력과
인내심에 대해

　이제 우리는 자제력 없음과 유약함, 그리고 자제력과 인내심을 살펴보아야 한다('절제'는 모든 욕망이 적절하게 다스려진 상태를 가리키므로 성품이고 덕이다. 그러나 '자제력 있음'은 욕망이 제대로 다스려지지 않은 것을 전제로 그 욕망을 억제하려는 것이므로 성품도 아니고 덕도 아니되 욕망을 자제하는 능력이라는 점에서는 성품이나 덕과 비슷함－옮긴이). 우리는 자제력 없음과 자제력을 각각 덕이나 악덕과 관련된 성품과 같은 것으로 다루거나, 그렇다고 덕이나 악덕과 그 부류가 다른 것으로 여겨서도 안 된다.

　흔히 자제력과 인내심은 모두 훌륭하고 칭송할 만하다고 생각하고, 자제력이 없고 유약한 것은 나쁘고 비난받을 만한 것으로 여긴다. 그리고 이성적으로 따져 헤아린 것이 있으면 자제력이 있는 사람은 끝까지 이를 지키고, 자제력이 없는 사람은 이를 쉽게 포기하는 듯하다.

자제력이 없는 사람은 자기가 나쁜 일을 하고 있음을 알면서도 정념에 휩쓸려 그런 행동을 한다. 반면 자제력 있는 사람은 자기 욕망이 나쁘다는 사실을 알면 이성에 근거해서 그런 욕망을 따르지 않는다.

흔히 절제력 있는 사람은 모두 자제력도 있고 인내할 줄도 안다고들 한다. 반면 자제력 있고 인내할 줄도 아는 사람이 절제력이 있다고 생각하는 사람도 있는가 하면, 그렇게 생각하지 않는 사람도 있다. 무절제한 사람은 자제력이 없고 자제력이 없는 사람은 무절제하다고 하면서 이 둘을 딱히 구별하지 않는 사람도 있지만 구별하는 사람도 있다.

또한 실천적 지혜가 있는 사람에 대해서, 어떤 때는 그런 사람이 자제력이 없을 수는 없다고 하고, 또 어떤 때는 실천적 지혜도 있고 영리하기는 하지만 자제력이 없는 사람도 있다고 한다. 끝으로, 분노와 명예와 이득과 관련해서 자제력이 없다는 말을 듣기도 한다. 이런 주장은 모두 세간에서 하는 말이다.

자제력이 없다는 것,
자제력이 없는 사람

이제 우리는 어떤 사람을 '자제력이 없다'고 할 때 그 사람이 모든 면에서 그런 것인지, 아니면 어떤 개별적인 부분에서만 그런 것인지, 그리고 모든 면에서 자제력이 없는 것이라면 어떤 대상과 관련해서 그런 것인지를 살펴보아야 한다. '자제력이 있고 인내심이 있는 사람'과 '자제력이 없고 인내심 없는 사람'이 즐거움 및 고통에 관련이 있음은 분명하다.

하지만 즐거움을 낳는 것 중에는 꼭 필요한 것도 있겠고, 그 자체로는 선택할 만한 것이되 과도하게 흐를 수 있는 것도 있다. 신체와 관련된 즐거움의 원인(음식이나 성교와 관련된 것, 무절제와 절제가 관련된다고 규정했던 신체적인 일)은 꼭 필요하지만 그 밖의 것(예컨대 승리, 명예, 재물, 그 밖에 좋고 즐거움을 주는 종류의 것)은 꼭 필요하지는 않아도 그 자체로 선택할 만한 것이다.

만약 그렇다면 후자와 관련해서 올바른 이성과는 반대로 과함이 있는 사람을, 우리는 그저 자제력이 없는 사람이라고 하지 않고 '돈이나 이득이나 명예나 분노와 관련해서'라는 조건을 달아 자제력이 없다고 한다. 이런 사람은 단순히 자제력이 없는 사람이 아니다. 이들은 자제력이 없는 사람과 다르고, 그저 비슷하다는 이유로 그렇게 불릴 따름이다. 올림픽 경기의 우승자를 일컫는 '안트로포스(헬라어로 인간이라는 말이며 '위를 바라보는 존재'라는 의미를 담고 있음 – 옮긴이)'의 경우와 비교해보자.

'일반적인 사람'을 가리키는 안트로포스의 정의와 '올림픽 경기의 우승자'를 가리키는 안트로포스의 정의는 별 차이가 없다. 하지만 그럼에도 이 둘은 여전히 다르다. 이는 아무 조건 없이 자제력이 없거나 특히 어떤 신체적 즐거움과 관련해서 자제력이 없는 것은 잘못이기도 하고 또 일종의 악덕으로 비난받지만, 그 밖의 다른 면에서 절제력이 없는 사람은 비난받지 않는다는 사실에서 드러난다.

우리가 절제력 있는 사람과 자제력 없는 사람이 관련된다고 하는 신체적 즐거움과 관련해서 살펴보자. 자제력이 없는 사람 중 자신의 이성적 선택이 아니라 그런 선택이나 판단과는 반대로 즐거움을 과도하게 추구하면서 허기나 갈증, 더위나 추위, 그 밖에 촉각이나 미각의 대상이 되는 모든 것처럼 고통을 주는 대상을 피하는 사람이 있다고 하자. 이런 사람에 대해서는 가령 분노처럼 이러저러한 것과 관련이 있다는 조건을 달지 않고 그저 단순히 자제력이 없다고 한다. 이는 신체적인 즐거움과 같은 즐거움과 관련해서 유약하다고 불리는 사람이 그 밖의 것에 대해서는 그렇게 불리지 않는다는 사실에서 확인된다.

이런 이유에서 우리는 자제력 없는 사람과 무절제한 사람을 한 부류로 묶고 자제력 있는 사람과 절제력 있는 사람을 또 한 부류로 묶지만, 필수적이지 않은 즐거움과 관련해 자제력이 없는 사람을 여기에 집어넣지는 않는다. 이들은 어떤 방식으로든 똑같이 즐거움이나 고통과 관련이 있기 때문이다. 이들은 같은 대상과 관련이 있지만 서로 같은 방식으로 그러는 것은 아니며, 한편은 숙고를 거쳐 선택하지만 다른 편은 그렇지 않다. 이런 이유에서 욕망이 아예 없거나, 있더라도 아주 작은데도 과도한 즐거움을 추구하고 보통의 고통을 피하는 사람이, 강한 욕망으로 그렇게 행하는 사람보다 더 무절제하다고 할 수 있다. 만약 전자에 해당하는 사람에게 왕성한 욕망과 더불어 꼭 필요한 대상이 부족해서 극심한 고통이 더해진다면, 그 사람은 무슨 짓을 하게 될까?

　욕망과 즐거움 중에는 고귀하고 훌륭한 부류에 속하는 것도 있고(즐거움을 주는 것 중에는 본성상 선택할 만한 것도 있다), 이와 반대되는 것도 있으며, 앞서 이야기했던 것처럼 중간에 속하는 것도 있다. 재물이나 이득, 승리나 명예는 첫 번째 부류에 속한다. 첫 번째 부류와 중간에 속하는 모든 것과 관련해서는, 그런 것에 영향을 받거나 그런 것을 바라고 관심을 기울인다고 해서 비난받지 않으며, 다만 어떤 방식으로 과함이 있을 때만 비난을 받는다.

　따라서 우리는 이성에 반해 본성상 고귀하고 좋은 대상에 휘둘리고 이런 대상을 추구하는 사람, 예컨대 너무 지나치게 명예나 자녀나 부모에게 열성을 다하는 사람을 비난한다. 이런 일도 물론 고귀하고, 명예나 자녀나 부모를 살피는 사람은 칭송받아 마땅하겠지만 어떤 사람이 부모를 위해 신들에 맞서 싸우겠다고 하거나, 보기에 어리석을 정도로 자기 아버지를 섬긴다면 그런 행동은 과한 것이다.

　이런 대상에 관해서는 어떤 악덕도 없다. 이는 앞서 언급한 이유, 즉 이런 대상과 관련해서 과함이 있다면 그것은 나쁘고 피해야 마땅한 것이겠지만, 이런 대상이 각각 그 자체로는 본성상 선택할 만한 가치가 있는 것이기에 그렇다. 마찬가지로 이런 대상에 관해서는 자제력 없음도 존재하지 않는다. 자제력이 없음은 피해야 할 일이고 비난받아 마땅한 일이기도 하기 때문이다. 하지만 감정적 상태가 비슷하다 보니, 이런 것에서 또는 저런 것에서 자제력이 없다고 말함으로써 조건을 붙여 자제력이 없다는 말을 쓴다. 이는 우리가 단순히 나쁘다고 말해서는 안 될 사람에게 나쁜 의사니 나쁜 배우니 하는 명칭을 붙이는 것과 같다. 이런 경우에 우리는 그저 나쁘다는 말을 쓰는 것이 아니라 단서를 붙여서 쓰는데, 이는 이런 나쁨이 각각 악덕과 비슷해서이지 엄격한 의미의 악덕은 아니기 때문이다.

마찬가지로 절제력 있음과 절제력 없음의 대상과 같이 대상에 대한 자제력 있음과 자제력 없음만이 존재한다고 보아야 한다. 분노와 관련해 자제력이 없다고 말하는 것은 비슷하기에 그렇게 말하는 것일 뿐이다. 세간에서 명예와 관련해 또는 이득과 관련해 자제력이 없다는 식으로 단서를 달아 말하는 것은 바로 이런 이유에서다.

여러 종류의
자제력 없음에 대해

이제 분노에 휩싸여 자제력을 잃는 것이 욕망에 휘둘려 자제력을 잃는 것보다 덜 수치스럽다는 사실을 살펴보려 한다. 분노는 어느 정도 이성의 목소리에 귀를 기울이기는 하지만 그 목소리를 잘못 알아듣는 듯하다. 이는 주인이 하는 말을 끝까지 듣지도 않고 달려나간 통에 자기가 무슨 지시를 받았는지 헷갈리고마는 성질 급한 하인이나, 인기척이 나기라도 하면 자기가 아는 사람인지 확인하지도 않고 무턱대고 짖고 보는 개와 같다.

이렇듯 분노는 그 본성상 뜨겁고 성급하기에 이성의 목소리를 듣기는 해도 무엇을 해야 할지는 듣지 않은 채 복수로 돌진한다. 이성이나 상상으로 우리가 모욕이나 멸시를 당했다는 사실을 알게 되면, 그런 일에는 맞서 싸워야 한다고 추론하고선 대뜸 분노가 끓어오른다. 반면 욕망은 이성이나 지각이 그 대상이 즐거운 것이라고 말하기만 하면 그 대상을 누려보겠다고 돌진한다. 따라서 어떤 의미에서 분노는 이성을 따르지만 욕망은 그렇지 않다. 그런 점에서 욕망이 더욱 수치스러운 것이다. 분노에 휩싸여 자제력을 잃은 사람은 어느 정도라도 이성에 굴복하지만 욕망에 휩쓸려 자제력을 잃은 사람은 이성이 아니라 욕망에 굴복하기 때문이다.

게다가 우리는 타고난 본성적 욕망을 따르는 사람을 더 쉽게 용서한다. 우리는 욕망이 누구에게나 공통된 것이라면, 그런 욕망을 따르는 사람을 더 쉽게 용서하기 때문이다. 분노와 급한 성미는 과도함, 즉 꼭 필요하지 않은 대상에 대한 욕망보다 더 본성적이다.

예를 들어보자. 어떤 사람이 자기 아버지를 때려놓고선 이렇게 변명했다. "맞아요, 하지만 아버지도 자기 아버지인 할아버지를 때렸고, 할아버지도 자기 아버지를 때렸죠." 그러고는 자기 아들을 가리키면서 말한다. "이 아이도 다 크면 나를 때릴 거예요. 이게 우리 집안 내력이니까요." 그러고는 자기 아들에게 끌려 나가다가 문간에서 자기도 자기 아버지를 거기까지만 끌고 갔으니, 거기에서 멈추라고 명령한다고 생각해보라.

악행은 미리 계획할수록 더 나쁘다. 분노를 잘 표출하는 사람은 계획적이지 않고, 분노 자체도 미리 계획된 것이 아니라 공공연히 드러내는 일이다. 반면 욕망에 대해서는 여러 시인이 아프로디테(여성의 성적 아름다움과 사랑의 욕망을 관장하는 그리스 신화 속 여신 – 옮긴이)를 가리켜 "간계에 능한 키프로스(그리스 신화에서 아프로디테가 태어난 곳 – 옮긴이)의 딸"이라고 한 것이나, 호메로스가 아프로디테의 수놓은 허리띠(아프로디테는 케스토스라는 허리띠를 차고 있었는데 이것이 그녀의 매력을 돋보이게 하고 사람들을 매혹시켰다고 전해짐 – 옮긴이)를 가리켜 "그 홀림이 가장 사려 깊은 사람의 정신마저도 빼앗아간다"고 한 데서도 잘 드러난다. 따라서 만약 욕망에 휩쓸려 자제력을 잃는 것이 분노에 휩싸여 자제력을 잃는 것보다 더 불의하고 수치스러운 것이라면, 그렇게 욕망으로 자제력을 잃는 것은 그 자체로 자제력이 없는 것이고 어떤 의미에서는 악덕이기도 하다.

누구라도 모욕을 가하면서 고통을 느끼진 않는다. 분노에 싸여 행동하는 사람은 고통을 느끼면서 그렇게 하지만, 모욕을 가하는 사람은 즐거움을 느낀다. 가장 정의로운 분노를 불러일으키는 행위가 더 불의한 것이라면, 욕망으로 자제력을 잃는 것은 분노에 휩싸여 자제력을 잃는 것보다 훨씬 더 불의하다. 그런 모욕은 분노 중에는 가해지지 않기 때문이다.

따라서 욕망과 관련해 자제력이 없는 것이 분노와 관련해 자제력이 없는 것보다 더 수치스럽고, 자제력이 있고 없음은 신체적 욕망이나 즐거움과 관련되어 있음이 분명하다. 우리는 신체적 욕망과 즐거움 사이의 차이를 살펴보아야 한다. 처음에 말했듯, 신체적 욕망과 즐거움 중에는 어떤 것은 그 종류나 정도라는 면에서 인간적이고 본성적이다. 또 어떤 것은 동물에서나 볼 법하고, 또 어떤 것은 신체적 장애와 질병에서 비롯되기도 한다. 이 중에서 오직 첫 번째만이 절제력 있음이나 없음과 관련이 있다. 우리가 동물을 일컬어 절제력이 있다거나 없다고 하지 않는 이유가 바로 여기에 있다.

설령 그런 말을 하더라도, 어떤 동물 무리가 제멋대로 날뛰고 닥치는 대로 파괴하며 게걸스럽게 먹어 치우는 데서 다른 동물 무리를 능가할 때 은유적으로 그렇게 이야기할 뿐이다. 그런 동물은 이성적으로 선택한다거나 헤아려보는 능력이 없고, 미친 사람처럼 자연적인 순리에서 벗어나 있다.

그런데 동물 같은 상태는 더 무서운 것이긴 해도 악덕보다 더 나쁘지는 않다. 이런 상태는 인간에게서처럼 더 나은 부분이 비뚤어진 것이 아니라 그런 부분이 아예 없기 때문이다. 따라서 동물 같은 상태와 악덕을 비교하는 것은, 무생물과 생물을 비교하면서 어느 쪽이 더 나쁜지를 묻는 것과 다름없다. 운동의 최초 원인이 없는 나쁜 것은 최초 원인이 있는 나쁜 것보다 언제나 덜 해롭고, 여기서 최초 원인은 바로 지성이기 때문이다. 따라서 이런 비교는 불의를 불의한 사람과 비교하는 것과 같다. 이들 각각은 제 나름의 방식으로 더 나쁘다. 나쁜 사람은 동물보다 천 배나 더 나쁜 짓을 할 수도 있으니 말이다.

자제력 없는 것, 무절제,
인내심 없는 것

촉각과 미각에서 즐거움과 고통 그리고 그에 상응하는 욕망과 회피가 생기고, 여기에 무절제와 절제가 관련이 있음은 이미 앞서 살펴보았다. 이와 관련해 대부분의 사람이 극복해내는 유혹에 굴복할 수도 있고, 반대로 대부분이 굴복하는 유혹을 극복해낼 수도 있다. 이런 유혹이 '즐거움'과 관련된 문제로 나타나면 전자는 자제력 없음, 후자는 자제력 있음이라 불린다. 반면 이런 유혹이 '고통'과 관련된 문제로 나타나면 전자는 유약함, 후자는 인내심이라 불린다. 비록 나쁜 쪽으로 기울어져 있을지언정, 사람의 성품은 대부분 중간에 속한다.

하지만 즐거움에는 꼭 필요한 것도 있고 그렇지 않은 것도 있어서, 꼭 필요하더라도 과도하거나 부족하지 않은 정도까지만 그렇다. 욕망이나 고통도 마찬가지다. 즐거운 것을 과하게 추구하거나 꼭 필요하더라도 그 대상을 과하게 추구하는 사람이 이성적 선택에 따라 즐거움에서 생기는 어떤 결과가 아니라 즐거움 자체를 추구하게 되면 그는 무절제한 사람이라고 불린다. 이런 사람은 절대 마음을 돌리지 않으며, 무절제를 고칠 수도 없다. 마음을 돌이켜 후회할 줄 모르는 사람은 고칠 수 없으니 말이다.

즐거움을 추구하되 부족함이 있는 사람은 무절제한 사람과는 정반대이고, 그 중간이 절제력 있는 사람이다. 신체가 겪는 고통을 이겨내지 못해서가 아니라 이성적 선택으로 고통을 회피하는 사람도 무절제한 사람이다. 이런 행위를 이성적으로 선택하지 않는 사람 중에는 즐거움이 만들어낸 결과를 즐기려고 즐거움에 이끌리는 사람이 있고, 욕망에서 비롯한 고통을 피하려고 즐거움에 이끌리는 사람도 있다. 우리는 이 둘을 구별해야 한다.

그런데 욕망이 전혀 없거나, 있더라도 약한데 수치스러운 짓을 하는 사람이 있고, 또한 강렬한 욕망에 사로잡혀 수치스러운 짓을 하는 사람이 있다면, 누구나 전자가 후자보다 더 나쁘다고 생각할 것이다. 마찬가지로 화가 나지 않았음에도 남을 때린 사람이 있고, 화가 나서 남을 때린 사람이 있다면 전자가 후자보다 더 나쁘다고 생각할 것이다. 정념에 휩싸이지 않았는데도 이렇다면, 만약 그 사람이 정념에 휩싸인다면 어떤 일이 벌어질까? 무절제한 사람이 자제력 없는 사람보다 더 나쁘다고 하는 것은 바로 이런 이유 때문이다. 위에서 거론한 성품 중에서 후자는 일종의 유약함에 가깝고, 전자는 무절제한 사람이다.

자제력 없는 사람은 자제력 있는 사람의 반대고, 유약한 사람은 인내심 있는 사람의 반대다. 인내심이 버텨내는 것이라면, 자제력은 이겨내는 것이다. 패배를 모면하는 것이 승리하는 것과 다르듯, 버텨내는 것과 이겨내는 것은 서로 다르다. 자제력 있는 것이 인내심 있는 것보다 더 선택할 만한 것이다.

대부분이 버텨내고 이겨내는 것을 버텨내지 못하고 부족함이 있다면, 그런 사람은 인내심이 없는 사람이자 나약한 사람이다. 나약함 역시 인내심 없음의 일종이니까 말이다. 이런 사람은 겉옷을 걸치는 데서 오는 고통과 수고로움을 피하려고 병든 사람 행세를 하면서 겉옷을 바닥에 질질 끌고 다닌다. 자신이 불쌍한 사람을 흉내 내고 있다고 생각하지만 정작 자신이 불쌍한 사람이라고는 생각하지 않는다.

자제력 있음과 자제력 없음 또한 이와 마찬가지다. 어떤 사람이 강력하고 과도한 즐거움이나 고통에 굴복하고 만다면, 이는 그리 놀랄 만한 일이 아니다. 버텨보다가 굴복하는 것은 납득할 만한 일이니까 말이다.

세간에서는 놀기 좋아하는 사람도 무절제한 사람이라고들 하지만, 실은 이들은 인내심이 없는 사람들이다. 노는 것은 일에서 벗어나 긴장을 푸는 것인데, 놀기 좋아하는 사람은 이와 관련해서 과한 사람이기 때문이다.

자제력 없음에는 성급함이 있고, 심약함도 있다. 심약한 사람은 숙고하긴 하지만, 감정에 휘둘린 나머지 숙고 끝에 도달한 결론을 끝까지 지켜내지 못한다. 반면 성급한 사람은 숙고하지 않아서 감정에 휩쓸린다. 먼저 간지럼을 태운 사람이 간지럼을 잘 타지 않는 것처럼, 다가올 일을 먼저 알아차리고 어떻게 처신할지를 이성적으로 따져 준비한 사람은 즐거운 감정이든 고통스러운 감정이든 그런 감정에 굴복당하지 않기 때문이다.

너무 예민하거나 우울증 기질이 있는 사람은 누구보다 성급해서 자제력을 잃기 쉬운 사람이다. 예민한 사람은 빨리 해야 한다는 조급함 때문에, 우울증 기질이 있는 사람은 정념의 강렬함에 휩싸여 이성적인 논증을 기다리지 않고 손쉽게 눈에 보이는 것을 따르기 때문이다.

자제력 없는 것과
무절제의 차이

　무절제한 사람은 자신이 내린 이성적 선택을 고수하기에 후회를 모른다. 하지만 자제력이 없는 사람이라면 누구나 후회한다. 그런 까닭에 우리가 부딪혔던 난제에서 주장했던 것, 즉 '무절제한 사람은 고칠 수 있고 자제력 없는 사람은 고칠 수 없다'는 주장은 실제로는 사정이 다르다. 오히려 무절제한 사람은 고칠 수 없지만 자제력 없는 사람은 고칠 수 있다. 무절제라는 악덕은 부종이나 폐결핵 같은 고질병과 닮았다면, 자제력이 없는 것은 간헐적으로만 나타나는 간질과 닮았기 때문이다.

　자제력이 없는 것은 무절제라는 악덕과는 전적으로 다르다. 자제력이 없는 사람은 스스로 나쁘다는 것을 알지만, 무절제라는 악덕이 있는 사람은 나쁘다는 것을 알지 못한다.

자제력이 없는 사람 중에서는 일시적으로 이성적인 결정을 내리지 못하는 사람이, 이성적인 결정을 내리고도 그 결정에 따르지 않는 사람보다 더 낫다. 후자는 더 약한 정념에 굴복하고, 전자와 다르게 미리 숙고하고서도 그렇게 행동하니까 말이다. 자제력이 없는 사람은 대부분 마셔도 취하지 않을 만큼 적은 양의 포도주나 약한 포도주를 마시고 취하는 사람과 같다. 따라서 자제력이 없는 것이 악덕이 아님은 분명하다(어떤 의미에서는 악덕일 수도 있다). 자제력 없음은 이성적 선택에 어긋나지만, 악덕은 이성적 선택에 따르기 때문이다.

그러나 자제력 없는 행위는 악덕에서 비롯된 행위와 비슷하게 나타난다. 자제력이 없는 사람 역시 불의하지 않으면서도 불의한 일을 한다.

자제력 없는 사람은 그것이 좋은 것인지 확신하지 못하면서도 순리에 어긋나는 과도한 신체적 즐거움을 추구하지만, 무절제한 사람은 그런 즐거움을 추구하는 것이 그 성품인 탓에 그러한 즐거움을 좋은 것이라고 확신한다. 그렇기에 자제력이 없는 사람은 마음을 돌리도록 설득하기가 쉽지만, 무절제한 사람은 그렇지 않다. 덕은 최초의 원인을 보존하는 반면, 악덕은 최초의 원인을 파괴한다. 수학에서 가설이 최초 원인이듯이 행위에서는 그 목적이 행위의 최초 원인이기 때문이다. 그런데 이성은 우리에게 그 최초 원인을 가르쳐주지 않는다. 본성으로 타고난 것이든 아니면 습관을 쌓아 얻은 것이든, 덕이 행위의 최초 원인을 올바르게 판단하도록 가르쳐주는 것이다. 따라서 이런 성품을 지닌 사람은 절제력 있는 사람이고, 그 반대인 사람은 무절제한 사람이다.

그런데 정념에 사로잡혀 올바른 이성에서 어긋나는 행동을 하는 사람이 있다. 이런 사람은 정념에 휘둘린 탓에 순리에 따라 행동하지는 못한다. 그러나 그러한 즐거움을 무한정 추구해야 마땅하다는 생각이 자기 본성의 일부가 되어버릴 지경까지 정념에 휘둘리지는 않는다. 이런 사람이 자제력이 없는 사람이다. 자제력이 없는 사람은 무절제한 사람보다 낫고, 절대적으로 나쁜 것도 아니다. 왜냐하면 우리 본성에서 최고의 부분, 즉 올바른 행동의 제1원리가 이들에게도 여전히 보존되어 있기 때문이다.

이런 사람과 반대되는 또 하나의 부류가 있는데, 자신의 확신을 끝까지 지키면서 적어도 감정에 휩싸여 행동하지 않는 사람이다. 지금까지 살펴본 바에 따르면, 자제력 있음이 나은 성품이라면, 자제력 없음이 그보다 못한 성품임이 분명하다.

자제력이 없다고 해서
나쁘거나 불의한 사람은 아니다

어떤 사람이 실천적 지혜를 지니고 있으면서 동시에 자제력이 없는 사람일 수는 없다. 실천적 지혜가 있는 사람이 성품 또한 훌륭한 사람이기도 하다는 사실을 앞서 보여주었기 때문이다. 게다가 그저 알기만 한다고 해서 실천적 지혜를 지닐 수 없고, 반드시 자기가 아는 것에 비추어 행동해야 한다. 그런데 자제력 없는 사람은 그렇게 하지 못한다.

물론 영리한 사람이라고 해서 자제력 없는 사람이 되지 말라는 법은 없다. 그런 까닭에 실천적 지혜가 있는 사람이면서도 자제력 없는 사람처럼 보이기도 한다. 이런 영리함과 실천적 지혜는 우리가 처음 논의하면서 언급했던 방식처럼 다르기 때문이다. 영리함과 실천적 지혜는 둘 다 이성적 추론이라는 점에서는 서로 닮았지만 이성적 선택이라는 점에서는 서로 다르다.

　게다가 자제력 없는 사람은 알고 그런 앎을 의식적으로 사용하는 것이 아니라 알지만 자고 있거나 술에 취한 사람처럼 행동한다. 자제력이 없는 사람은 어쨌거나 자기가 무엇을 하고 무슨 목적으로 그 일을 하는지 알고 있기에 자발적으로 행동하지만, 그렇다고 나쁜 사람은 아니다. 이런 사람의 이성적 선택은 훌륭한 것이므로 절반 정도만 나쁘다.

　자제력이 없는 사람은 계획적으로 그렇게 하는 사람이 아니기에 불의한 사람도 아니다. 자제력이 없는 사람에는 두 부류가 있는데, 그중 하나는 자기가 숙고해서 내린 결론을 끝까지 고수하지 못하는 사람이요, 다른 하나는 우울증 기질이 있어서 전혀 숙고하지 않는 사람이다.

　자제력 없음과 자제력 있음은 사람의 평균적인 성품을 넘어서는 무엇인가와 관계가 있다. 자제력 있는 사람은 자기 결심을 대부분의 사람이 할 수 있는 것 이상으로 확고히 지키지만, 자제력 없는 사람은 그렇게 하지 못하기 때문이다.

　자제력 없음에는 여러 종류가 있는데, 그중에서 우울증 기질이 있는 사람이 보여주는 자제력 없음이, 숙고는 하지만 그런 숙고를 끝까지 고수하지 못하는 사람이 보여주는 자제력 없음보다 더 고치기 쉽다. 또한 습관 탓에 자제력을 잃은 사람은 그것을 본성으로 타고난 사람보다 더 고치기 쉽다. 누군가의 본성을 바꾸기보다 습관을 바꾸는 편이 훨씬 쉬우니까 말이다. 사실 습관을 바꾸는 일도 어려운데, 이는 습관이 본성을 닮았기 때문이다. 그래서 에우에노스(비가와 격언시를 썼던 시인으로, 소크라테스에게 시를 가르쳤다고도 전해짐 – 옮긴이)는 이렇게 말했다. "친구여, 내 말하지 않았나. 습관은 오랜 시간 쌓아온 훈련이요, 결국에는 인간의 본성이 된 것이라고."

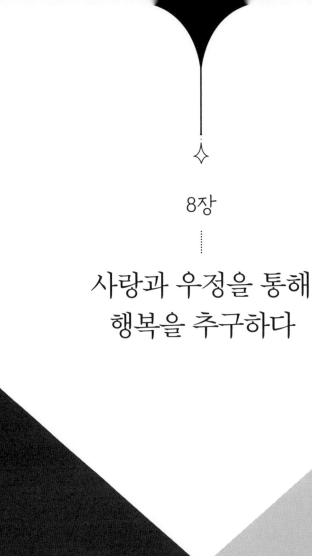

8장

사랑과 우정을 통해
행복을 추구하다

사랑은 꼭 필요하기도 하지만
고귀한 것이기도 하다

사랑(여기서 '사랑'으로 번역한 philia, 즉 아리스토텔레스가 말하는 사랑은 남녀 사이의 사랑, 부모와 자식 사이의 사랑, 형제 사이의 우애, 친구 사이의 우정, 친한 사람 사이의 사랑, 나아가 동포애라고 할 수 있는 것까지 포괄하는 개념임-옮긴이)은 일종의 덕이거나 적어도 덕을 수반하는 것이며, 더욱이 우리 삶에서 가장 필요한 것이다. 다른 좋은 것을 모두 가졌더라도 친구가 없는 삶을 선택할 사람은 아무도 없다. 재물이 많은 사람이나 높은 자리에서 권세를 누리는 사람에게도 무엇보다 친구는 필요한 듯하다.

선행은 주로 친구에게 행해질 때 가장 칭송받을 방식으로 이루어지는 것인데, 친구가 없어 선행을 할 기회조차 없는 사람에게 그런 부귀 영화가 다 무슨 소용이 있을까? 또한 친구가 없다면 그런 부귀 영화를 어떻게 유지하고 지켜낼 수 있을까? 부귀 영화는 커지면 커질수록 더 위험해지니까 말이다. 곤궁하거나 다른 불행을 겪을 때도 유일한 피난처는 친구뿐이라고들 생각한다. 젊을 때는 잘못을 저지르지 않게 붙잡아줄 친구가 필요하고, 나이가 들어서는 서로 돌봐주고 노쇠해서 혼자서는 할 수 없는 일을 도와줄 친구가 필요하며, 인생의 전성기에는 고귀한 행위를 하도록 돕는 친구가 필요하다. '둘이 함께 가면' 사유와 행위 모두에서 더 큰 힘을 발휘한다.

부모가 자식을 사랑하고, 자식이 부모를 사랑하는 것은 본성인 듯하다. 사랑은 인간에게만 있는 것이 아니라 새를 비롯한 동물 대부분에게도 있다. 같은 종에 속한 구성원도 서로를 사랑하며, 인간 사이에서는 더욱 특별해서 우리는 인간애를 지닌 사람을 칭송한다. 여행을 떠나보면, 우리는 모든 사람이 서로에게 얼마나 가깝고 소중한 존재인지를 알게 된다.

그런데 국가를 하나로 결속시키는 것도 사랑인 듯하고, 심지어 입법자도 정의보다 사랑을 구현하려고 더 애를 쓰는 듯하다. 화합은 사랑과 비슷하기에 입법자가 가장 지키고 싶어 하는 게 바로 이런 화합이며, 입법자가 적으로 생각해 가장 추방하고 싶어 하는 게 분열이다. 또한 시민이 친구 사이라면 이들에게는 더 이상 정의가 필요치 않지만, 정의로운 사람 사이에서는 사랑이 추가로 필요하고, 가장 완벽한 정의를 구현하는 일은 바로 사랑을 구현하는 것인 듯하다.

이렇듯 사랑은 꼭 필요하기도 하지만 고귀한 것이기도 하다. 우리는 친구를 사랑하는 사람을 칭송하고, 친구가 많은 것을 고귀한 일로 여긴다. 또한 우리는 좋은 사람을 친구라고 여긴다.

사랑의 대상과
세 종류의 사랑

　우리는 모든 걸 사랑하는 게 아니라 사랑할 만한 것을 사랑하고, 그렇게 사랑할 만한 것은 좋거나 즐겁거나 유익한 것이다. 여기서 유익한 것이란 그것을 통해서 어떤 좋음이나 즐거움이 만들어지는 것을 뜻하므로 좋음과 즐거움은 사랑할 만한 대상이다.

　그런데 사랑할 만한 사랑은 그 종류가 서로 다르며, 이런 대상에 근거한 애정과 사랑 역시 그 종류가 서로 다르다. 사랑할 만한 대상에 세 가지 종류가 있듯이, 사랑에도 세 가지 종류가 있다. 이런 사랑은 서로 주고받는 것이며 이를 서로가 안다. 서로 사랑하는 사람은 진정으로 사랑하기에 서로가 잘 되길 바란다. 하지만 유익이 있어서 서로를 사랑하는 사람은 상대를 있는 그대로 사랑하는 게 아니라 상대에게서 어떤 좋음을 얻을 수 있기에 사랑한다. 이는 즐거움이 있어서 사랑하는 사람에게도 마찬가지다. 예컨대 재치 있는 사람을 사랑하는 이유는 그 사람의 됨됨이 때문이 아니라 그가 자신에게 즐거움을 안겨주기 때문이다. 다시 말하면 어떤 유익이 있어서 사랑하는 사람은 자신에게 좋은 것이 있어서 사랑하는 것이고, 즐거움이 있어서 사랑하는 사람은 자신에게 즐거움이 있어서 사랑한다. 이때 사람은 상대의 사람됨 때문이 아니라 그 사람이 자기에게 유익이나 즐거움을 주기에 사랑하는 것이다.

이런 사랑은 우연에 따른 사랑일 뿐이다. 사랑의 대상이 사랑받는 이유가 그 사람 자체나 그 사람이 지닌 성품 때문이 아니라, 그 사람이 어떤 유익이나 즐거움을 주기 때문이다. 따라서 이런 사랑의 당사자가 서로 있는 그대로의 모습을 보이면 쉽게 끝나버린다. 어느 한 사람이 즐거움이나 유익을 주지 못하면 그 상대방은 그 사람을 더는 사랑하지 않는다. 그런데 유익은 영속적이지 않으며 늘 변화한다. 사랑이 오로지 그런 목적을 위해서만 존재했기에 사랑할 이유가 사라지면 사랑도 끝나는 것이다.

이런 종류의 사랑은 주로 나이 든 사람 사이에 존재하는 듯하다. 나이 든 사람은 즐거움보다 유익을 추구하니까 말이다. 또한 이런 종류의 사랑은 인생의 절정기에 있거나 젊은 사람 중에서, 그리고 이익에 눈이 밝은 사람 사이에도 존재하는 듯하다. 이런 사람은 다른 사람과 함께 어울리며 사는 일이 드물며, 실제로 서로가 즐겁게 느껴지지 않는 때도 있으니 말이다. 이들은 서로에게 도움이 되지 않으며, 굳이 교제할 필요도 없다. 서로에게서 좋은 것을 얻을 수 있다는 희망이 있는 한에서만 서로에게 즐거움을 주기 때문이다. 주인과 손님 사이의 관계도 이런 종류의 사랑에 속한다.

반면 젊은이 사이의 사랑은 그 바탕에 즐거움이 있다고들 한다. 젊은이는 감정이 이끄는 대로 사는데, 무엇보다 자기에게 즐거운 것, 바로 자기 눈앞의 것을 추구하기 때문이다. 그래서 젊은이는 쉽게 친구가 되었다가 쉽게 헤어진다. 이들의 사랑은 즐겁다고 여겨지는 대상에 따라 달라지고, 그런 즐거움은 빠르게 바뀐다. 하지만 나이가 들면 이런 즐거움도 달라진다. 또한 젊은이는 성애적인 사랑에 빠지기 쉬운데, 이런 성애적인 사랑은 대부분 감정과 즐거움에 좌우된다. 그래서 이들은 하루에도 수십 번 마음이 바뀌면서 쉽게 사랑에 빠지고, 또 쉽게 헤어진다. 이들은 하루 종일 붙어 다니길 바라며 함께 살고 싶어 한다.

이들에게는 자기 사랑의 목적을 이룬다는 게 바로 그런 것이니까 말이다.

완전한 사랑은 좋은 사람, 즉 서로가 덕이 있다는 면에서 비슷한 사람 간의 사랑이다. 이들은 그 자체로 좋은 사람이기에 상대가 좋은 사람인 한에서 서로가 잘 되길 바란다. 즉 친구를 위해서 그 친구가 잘되길 바라는 사람이야말로 진정한 친구다. 이들은 우연이 아닌 타고난 자기 본성 때문에 그렇게 한다. 그러므로 이들의 사랑은 이들이 좋은 사람인 한에서 지속한다. 이들은 그 자체로도 좋은 사람이지만 친구에게도 좋은 사람이다.

이렇듯 좋은 사람은 그 자체로도 좋으며, 서로에게 도움을 준다. 게다가 좋은 사람은 즐거운 사람이다. 이들은 그 자체로도 즐거우며, 서로에게도 즐거움을 준다. 누구든 자신과 같은 행위를 하는 경우에 기쁨을 얻기에 좋은 사람의 행위는 이런 점에서 같거나 비슷하다. 우리가 예상할 수 있듯이, 이런 사랑은 당연히 지속적이다. 이런 사랑에는 친구라면 마땅히 지녀야 할 것이 하나로 전부 담겨 있기 때문이다. 사랑은, 좋음이나 즐거움이 그 자체로 좋거나 즐거운 것이든, 사랑하는 사람에 대해서만 상대적으로 좋거나 즐거운 것이든, 이런 좋음이나 즐거움을 이유로 생기거나 어떤 유사성을 바탕으로 생긴다.

좋은 사람 간의 사랑에는 각자 자신의 본성으로 인해 앞서 언급한 모든 성질이 속한다. 이런 종류의 사랑에서는 다른 여러 성질도 서로 비슷할뿐더러 그 자체로 좋은 것은 그 자체로 즐거운 것이다. 이것이야말로 가장 사랑할 만한 성질이니까 말이다. 따라서 애정이나 사랑은 좋은 사람 사이에서 최고이자 최선의 형태로 나타난다.

그런데 이런 사랑은 보기 드물다. 그런 사람이 드물기에 당연한다. 게다가 이런 사랑을 하려면 오랫동안 가깝게 사귀어야 한다. 속담이 전하듯 사람은 "소금 한 가마니를 같이 먹어보기" 전에는 서로를 알 수 없을뿐더러, 서로가 사랑할 만한 사람임을 알고 신뢰하게 되기 전에는 친구로 받아들일 수도 없고, 친구일 수도 없다. 또한 서둘러 친구처럼 대하는 사람은 아무리 친구가 되고 싶어 해도 진짜 친구는 아니다. 서로가 사랑할 만하고, 서로가 그렇다는 사실을 알았을 때 비로소 친구가 된다. 사랑을 받고 싶다는 마음은 금방 생겨나지만, 사랑은 그렇지 않다.

가장 참된 사랑은
좋은 사람 사이의 사랑이다

　덕과 관련해서 어떤 사람은 성품의 상태에 비추어 좋은 사람이라 불리는가 하면, 다른 사람은 활동에 비추어 좋은 사람이라 불린다. 이는 사랑에서도 마찬가지다. 삶을 함께하는 사람은 서로에게서 기쁨을 얻고, 서로에게 유익을 제공한다. 잠이 들거나 멀리 떨어진 곳에 있더라도 사랑에서 비롯된 활동을 하지 않는 경우, 기꺼이 이런 활동을 할 준비가 된 사람이다. 즉 거리가 멀다고 해서 사랑 그 자체가 사라지지 않으며, 단지 사랑에서 나오는 활동만 할 수 없게 될 뿐이다. 하지만 이런 활동이 없는 상태가 길어지면, 사랑도 지워지는 듯하다. 그렇기에 누군가는 "대화가 없어서 수많은 사랑이 사라져버렸다"라고 말하기도 했다.

나이 든 사람이나 성미가 까다로운 사람은 친구를 만들기가 쉽지 않아 보인다. 이런 사람에게는 남을 즐겁게 할 만한 것이 별로 없고, 누구라도 자기에게 고통을 주거나 즐거움을 주지 못하는 사람과 시간을 같이 보낼 수는 없는 데다가, 무엇보다 고통스러운 것은 피하고 즐거운 것을 추구하는 것이 우리의 본성이기 때문이다.

그런데 서로 인정하기는 해도 삶을 함께하지 않는 사람은 친구라기보다는 서로 호의를 가지고 있는 사람이라고 해야 할 듯하다. 삶을 함께하는 것만큼 친구를 친구답게 만드는 것은 없다. 도움이 필요한 사람이 도움을 구하지만, 더없이 행복한 사람이라도 동료를 바란다. 고독하게 살아가는 것은 이들에게 가장 어울리지 않는 일이다. 서로에게서 즐거움을 얻지 못하고, 같은 것에서 기쁨을 느끼지 못하는 사람은 삶을 함께할 수 없다. 그러므로 서로에게서 즐거움을 얻고, 같은 것에서 기쁨을 느끼는 것은 동지애의 필요조건인 듯하다.

따라서 거듭해서 말했듯, 가장 참된 사랑은 좋은 사람 사이의 사랑이다. 그 자체로 좋거나 즐거운 것은 사랑할 만할뿐더러 선택할 만한 것인 듯하고, 각자에게 좋거나 즐거운 것은 그 사람에게 사랑할 만하고 선택할 만한 것인 듯하다. 좋은 사람은 이 두 가지 이유로 다른 좋은 사람에게 사랑할 만하고 선택할 만한 것이다.

그런데 애정이 감정이라면, 사랑은 성품의 상태인 것처럼 보인다. 애정은 무생물에게도 느낄 수 있지만 서로 주고받는 사랑은 이성적 선택을 수반하고, 이런 선택은 어떤 성품의 상태에서 비롯하기 때문이다. 즉 자기가 사랑하는 사람을 위해서 그 사람이 잘되길 바라는 것은 감정에서 비롯한 결과가 아니라 성품의 상태에서 비롯한 결과다. 그렇기에 친구를 사랑하면서 동시에 사람은 자기에게 좋은 것을 사랑한다. 좋은 사람이 친구가 되어 주면 그 친구에게 좋은 것이 되니까 말이다.

따라서 어느 쪽이든 각자는 자기에게 좋은 것을 사랑하며, 선의로 상대에게 베푼 것과 즐거움을 똑같이 돌려받는다. 사랑은 동등한 것이라고들 하는데, 이런 사랑과 동등함은 좋은 사람 사이의 사랑에서 가장 많이 나타난다.

즐거움을 얻기 위한 사랑은
참된 의미의 사랑이 아니다

성미가 까다로운 사람이나 나이 든 사람은 붙임성이 좋지 않고, 사람을 사귀는 데서 크게 기쁨을 느끼지 않는다. 그런 탓에 이들 사이에서 사랑이 생기기는 쉽지 않다. 사람을 사귀면서 얻는 기쁨은 사랑의 특징이자 사랑을 낳는 것이기 때문이다. 그래서 젊은이는 쉽게 친구가 되지만, 나이 든 사람은 그렇지 못하다. 사람은 자기에게 기쁨을 주지 못하는 사람과 친구가 되려고 하지 않는다.

마찬가지로 성미가 까다로운 사람도 쉽게 친구를 사귀지 못한다. 이런 사람도 서로 잘되길 바라고, 도움이 필요할 때면 기꺼이 서로를 도우려 한다는 점에서 서로에게 호의를 갖고 있을지도 모르겠다. 하지만 삶을 함께하지도 않을뿐더러 서로에게서 기쁨을 찾지도 못한다는 점에서 이들이 온전한 친구가 되는 일은 거의 없다. 세간에서는 이렇게 삶을 함께하고 서로에게서 기쁨을 얻는 것이 친구임을 보여주는 징표라고들 한다.

온전한 의미에서 많은 사람과 동시에 친구가 되기란 불가능하다. 이는 마치 많은 사람과 동시에 성애적 사랑을 나누기 불가능한 것이나 마찬가지다(성애적 사랑은 감정이 과도한 상태이고, 이런 상태는 그 본성상 오직 한 사람을 향해서만 느껴지는 것이기 때문이다). 많은 사람이 동시에 좋은 사람까지는 아니어도 마음에 드는 사람을 찾기란 쉽지 않다. 또한 서로를 어느 정도 겪어보고 그와 친숙해져야 하는데, 이 또한 어려운 일이다. 물론 많은 사람이 유익이나 즐거움을 주는 식으로 마음에 드는 사람을 찾을 수는 있다. 그렇게 유익이나 즐거움을 주는 사람은 드물지 않을뿐더러 그렇게 하는 데 시간이 많이 들지도 않기 때문이다.

이런 두 가지 유형의 사랑 중에서 즐거움을 얻기 위한 사랑이 진정한 사랑과 더 닮았다. 이런 사랑에서는 마치 젊은이 사이의 사랑에서처럼 각자가 서로에게서 똑같은 것을 얻고, 같은 대상에서 즐거움을 얻는다. 또한 이런 사랑에서는 후함을 더 쉽게 찾아볼 수 있다. 하지만 유익을 얻으려는 사랑은 장사꾼의 마음을 가진 비루한 영혼의 사랑이다. 가장 행복한 사람조차도 유익을 주는 친구는 없어도 괜찮지만 즐거움을 주는 친구는 필요하다.

어떻든 가장 행복한 사람도 누군가와 삶을 함께하길 바라고, 설령 이들이 잠깐은 고통스러운 것을 견딜 수 있을지 몰라도 아무도 그런 고통을 계속해서 견딜 수는 없는 법이고, 또 좋음 그 자체가 자기에게 고통을 준다면 이런 좋음 자체도 감내하기 어렵기 때문이다. 이것이 바로 그런 사람이 즐거움을 주는 친구를 찾는 이유다. 어쩌면 이들은 즐거움을 주면서도 그 자체로 좋은 사람이고, 자기에게도 좋은 사람을 찾아야 할 것이다. 그래야만 그런 사람이 친구라면 마땅히 지녀야 할 모든 특징을 갖추게 될 테니 말이다.

앞서 말한 사랑에는 동등함이 따른다. 친구는 서로에게서 같은 것을 얻고 바라며 유익과 즐거움을 맞바꾸듯, 다른 것을 서로 동등하게 맞바꾸기 때문이다. 하지만 앞서 말했듯 이런 관계는 참된 의미의 사랑에 미치지 못하며, 오래가지도 못한다. 하지만 이런 관계가 참된 의미의 사랑과 닮은 점도 있고, 닮지 않은 점도 있으므로 이런 관계를 사랑이라고도 여기고, 사랑이 아니라고 여기기도 한다. 이런 관계가 사랑처럼 보이는 이유는 덕에 바탕을 둔 사랑과 닮았기 때문이다. 그중에서 하나는 유익을, 다른 하나는 즐거움을 담고 있는데 이 둘은 모두 덕에 바탕을 둔 사랑의 특징에도 속하니까 말이다. 덕에 바탕을 둔 사랑은 험담에도 변함이 없고 영속적이라면, 이런 관계는 빠르게 변하기 쉽고 다른 많은 점에서 덕에 바탕을 둔 사랑과 다르기에, 즉 닮지 않은 점 때문에 사랑처럼 보이지 않는다.

동등하지 않은 사람 사이의
사랑이 가진 한계

이런 사랑 말고도 또 다른 사랑이 하나 있는데, 바로 동등하지 않은 사람 사이의 사랑이다. 예컨대 아버지와 아들 사이, 일반적으로는 나이 든 사람과 젊은이 사이, 남편과 아내 사이, 통치자와 피치자 일반 사이의 사랑이 그렇다.

그런데 이런 사랑도 서로 다르다. 부모와 자식 사이의 사랑은 통치자와 피치자 사이의 사랑과 다르고, 심지어 아들에 대한 아버지의 사랑은 아버지에 대한 아들의 사랑과도 다르며, 아내에 대한 남편의 사랑도 남편에 대한 아내의 사랑과 서로 다르다. 이런 사랑은 각각 그 덕이나 기능이 다르고, 사랑의 이유마저도 서로 다르며, 애정과 사랑도 서로 다르기 때문이다.

따라서 이런 사랑에서는 서로에게서 같은 것을 얻지 못할뿐더러 같은 것을 얻으려 해서도 안 된다. 하지만 자식이 자기를 낳아준 부모에게 도리를 다하고, 부모 또한 자녀에게 도리를 다할 때 부모와 자식 사이의 사랑은 지속적이고 훌륭한 것이 될 것이다.

동등하지 않음에 토대를 둔 모든 사랑에서, 사랑은 반드시 비례에 따르는 것이어야 한다. 즉 더 나은 사람은 자기가 주는 것보다 더 많이 사랑받아야 하고, 더 많은 유익을 가져다주는 사람이나 그 밖의 여러 경우에도 이는 마찬가지다. 사랑이 그런 관계에 참여하는 양쪽 당사자의 가치에 비례할 때 일종의 동등성이 생기는데, 이런 동등성이야말로 사랑의 필요조건처럼 보인다.

하지만 동등함은 정의를 행할 때와 사랑을 행할 때 서로 같은 형태를 취하는 것 같지 않다. 정의와 관련해서는 가치에 비례하는 동등함이 일차적이고, 양이 따른 동등함은 이차적이다. 그런데 사랑과 관련해서는 양에 따른 동등함이 일차적이고, 가치에 비례하는 동등함은 이차적이다. 이는 덕이나 악덕이나 재물을 비롯한 그 밖의 다른 것과 관련해서 당사자 사이에 큰 격차가 생길 때 분명해진다. 이때 이들 사이에서 더 이상 친구 관계가 이어질 수 없고, 그런 관계가 이어지길 기대할 수도 없다.

사랑은 사랑받기보다는
사랑하는 데 있다

사람은 대부분 명예욕이 있기에 남을 사랑하기보다는 남에게 사랑받기를 바라는 듯하다. 아부를 좋아하는 사람이 그토록 많은 것도 바로 이 때문이다. 아부꾼은 조금 모자란 친구이거나 모자란 척하면서 남이 자기를 사랑하는 것보다 자기가 남을 더 사랑하는 척하는 사람이니까 말이다. 사랑받는 것은 존경받는 것과 비슷해 보이며, 사람은 대부분 존경받기를 바란다.

하지만 대부분은 명예 그 자체를 위해서 명예를 바라는 것이 아니라 다른 무엇인가가 뒤따르기에 명예를 바란다. 대부분 사람은 어떤 기대감에 권력자에게 존경받으면서 기뻐한다. 이런 사람은 자기가 원하는 무엇인가를 권력자에게서 얻을 수 있으리라 생각하는데, 존경을 앞으로 자기에게 좋은 일이 생기리라는 징표로 여기면서 기뻐한다.

반면 훌륭하고 지식이 있는 사람에게 존경받기를 바라는 사람은 스스로에 대한 자기 생각이 옳음을 확인받고 싶어 한다. 이런 사람은 자신에 관해 이야기하는 사람의 판단력에 기대어 자기를 좋은 사람이라고 믿기에 훌륭한 사람에게서 존경받는 것을 기뻐한다.

그런데 사람은 사랑받는 것 자체에서 기쁨을 얻기에 사랑받는 것이 존경받는 것보다 낫고, 사랑은 그 자체로 바랄 만한 것이다. 하지만 사랑은 사랑받는 것보다 사랑하는 데 있는 듯하다. 이는 어머니가 사랑을 받으면서 기쁨을 느끼는 데서 잘 나타난다. 자기 자식을 남에게 맡겨 기르게 하는 어머니도 있는데, 이때 이런 어머니는 그들이 자기 자식임을 알고 있기에 그들을 사랑하지만 그들에게서 사랑을 되돌려받으려 하지 않는다. 사랑하는 것과 사랑받는 것을 둘 다 가질 수 없다면 이런 어머니는 자기 자식이 잘되는 것을 지켜보는 데 만족하고, 자식이 사정을 잘 알지 못해서 어머니에게 마땅히 해야 할 도리를 다하지 못하더라도 여전히 그런 자식을 사랑한다.

이렇듯 사랑은 사랑받기보다는 사랑하는 데 있고 친구를 사랑하는 사람은 칭송받기에, 사랑하는 것은 친구라면 갖춰야 할 덕이다. 따라서 이런 덕을 적절하게 갖춘 사람만이 영속적인 친구이고, 이런 사람 사이의 사랑만이 영속한다. 심지어 동등하지 않은 사람조차 친구가 될 수 있는 것은 무엇보다 이런 방식을 통해서다. 이렇게 해야 양쪽이 동등해지기 때문이다.

사랑이란 동등함과 유사성이고, 무엇보다 덕이 있는 사람 사이의 유사성이다. 이런 사람은 스스로 변함이 없기에 서로 간에 의리를 지키며, 수치스러운 일을 요청하지도 않을뿐더러 도리어 그런 일을 막는다. 즉 자기 스스로 나쁜 일을 저지르지도 않거니와 친구가 나쁜 일을 저지르도록 내버려두지 않는 것이 좋은 사람의 속성이다.

반면 나쁜 사람은 수시로 변하는데 이런 사람은 자신에게도 같은 사람으로 남아 있지 못한다. 이런 사람은 서로의 악함을 보고 기뻐하기에 잠깐 친구가 될 수 있을 뿐이다. 하지만 유익이나 즐거움을 주는 친구 사이는 이보다는 길게 지속된다. 즉 이들은 서로에게 향락이나 이득을 주는 동안에는 친구가 된다.

공동체가 있어야
사랑도 있다

우리가 논의를 시작하면서 말했듯, 사랑과 정의는 같은 대상과 관련이 있고, 같은 사람 사이에서 나타나는 듯하다. 왜냐하면 어느 공동체에나 일정한 형태의 정의가 있고, 또 사랑도 있다고 여겨지기 때문이다. 적어도 세간에서는 같은 배를 탄 동료 뱃사람이나 전쟁에 함께 나간 동료 병사를 비롯해 자신과 함께 공동체를 이루는 사람을 일컬어 친구라고 한다. 또한 공동체가 있어야 사랑도 있고, 공동체의 한계가 바로 사랑의 한계이기도 하다.

정의도 이와 마찬가지다. "친구가 가진 것은 공동의 재산"이라는 속담에는 이런 진실이 그대로 담겨 있다. 사랑은 공동체에 있기 때문이다. 형제와 동지는 모든 것을 공유하지만, 그 밖의 관계에 있는 사람은 특정한 것만을 공유한다. 그래서 어떤 사람은 더 많이, 어떤 사람은 더 적게 소유한다. 사랑도 마찬가지여서 정도의 차이가 있다.

정의도 경우에 따른 차이가 있다. 자식에 대한 부모의 의무와 형제가 서로에게 지는 의무는 서로 같지 않고, 동지나 동료 시민 사이의 의무도 같지 않으며, 그 밖의 다른 여러 가지 사랑에 대해서도 마찬가지다. 따라서 이렇게 여러 관계 각각을 향한 불의한 행위에도 역시 차이가 있고, 더 가까운 친구에 대한 불의일수록 불의는 더 커진다. 예컨대 동료 시민보다 동지에게 사기를 친 것이 더 끔찍하고, 낯선 이를 돕지 않는 것보다 형제를 돕지 않는 것이 더 끔찍하며, 다른 누구보다 아버지에게 상해를 가하는 일이 더 끔찍하다. 또한 정의에 대한 요구도 사랑의 강도에 따라 강해지는 듯하다. 이는 사랑과 정의가 같은 사람 사이에 존재하며, 미치는 범위도 같음을 시사한다.

모든 공동체는 정치 공동체의 일부나 마찬가지다. 사람은 어떤 특별한 유익을 목적으로, 또 자기 삶의 목적에 필요한 것을 얻기 위해서 함께 길을 가는데, 정치 공동체 역시 본래 유익을 위해서 결성되고 존속하는 것으로 여겨지며, 이런 유익은 입법자도 목표로 삼는 것이다. 정의란 다름 아니라 공동의 유익이라고들 하니까 말이다. 따라서 다른 공동체도 각각 부분적인 유익을 목적으로 삼는다. 예컨대 선원은 돈이나 돈이 될 만한 재물을 벌기 위해서 항해상의 유익을 추구하고, 동료 병사는 재물이든 승리든 아니면 어떤 도시 국가를 점령하든 전쟁 상의 유익을 추구하며, 한 부족이나 한 마을에 사는 사람도 이와 비슷하게 행동한다.

하지만 신자회(信者會)나 사교 회합처럼 즐거움을 목적으로 생겨난 공동체도 있는 듯하다. 이런 공동체는 각각 신에게 제물을 바치거나 친목을 위해서 존재한다. 그런데 이런 공동체는 모두 정치 공동체 아래에 포섭되는 듯하다. 정치 공동체는 눈앞의 유익이 아니라 공동체 구성원 전체의 삶에 유익한 것을 목표로 삼기 때문이다. 신들에게 제물을 바치고 이를 위해 모임을 조직하는 것은 신들에게 영광을 돌리기 위해서이기도 하지만, 스스로 즐겁게 휴식을 즐기기 위해서이기도 하다. 예로부터 전해지는 종교의식이나 회합은 추수 감사제처럼 추수가 끝난 후에 열렸는데, 이때가 사람들이 가장 한가한 때였기 때문이다. 따라서 모든 공동체는 정치 공동체의 한 부분으로 보이고, 여러 공동체 각각에는 그 하나하나에 대응하는 사랑이 따로 존재한다.

사랑의 난제:
서로가 얻는 것이 바라는 것과 다를 때

앞서 말했지만, 동등하지 않은 사람 사이의 모든 사랑에서는 비례가 서로를 동등하게 만들어 사랑을 유지해준다. 하지만 성애적인 사랑에서는 때때로 사랑을 주는 사람이 자기가 넘치게 사랑을 하는 만큼 상대는 자기를 사랑해주지 않는다고 불평한다(어쩌면 그에게 사랑받을 만한 게 전혀 없기 때문이다). 반면 사랑을 받는 사람은 상대가 전에는 무엇이라도 해줄 것처럼 약속하더니 지금껏 아무것도 해준 게 없다고 불평한다. 이런 사태는 사랑을 주는 사람은 즐거움 때문에 상대를 사랑하지만, 사랑을 받는 사람은 유익 때문에 상대를 사랑할 때, 그리고 양쪽 모두 서로가 서로에게 기대했던 성질을 가지고 있지 못할 때 일어난다.

이런 즐거움이나 유익이 사랑의 목적이었다면, 사랑의 동기가 되었던 것을 서로에게서 얻지 못하게 될 때 이런 사랑은 끝이 난다. 이런 사람은 상대방을 그 자체로 사랑하는 것이 아니라 상대가 지닌 어떤 성질을 사랑한 것이고, 이런 성질은 지속적이지 않기 때문이다. 바로 이런 이유에서 이런 사랑은 일시적이다. 반면 앞서 말했듯 서로의 성품을 사랑하는 것은 그런 사랑이 그 자체로 존재하기에 지속적이다.

이렇듯 서로가 얻는 것이 바라는 것과 다를 때 다툼이 생긴다. 우리가 바라는 것을 얻지 못하면 아무것도 얻지 못한 것이나 다를 바 없기 때문이다.

무엇인가를 베풀겠다고 명확히 약속하지 않았는데도 상대를 위해 무엇인가를 베푸는 사람에게는 불평이 있을 수 없다. 덕에 바탕을 둔 사랑의 본성이 그렇기 때문이다. 이런 사람에게 되갚는 것은 그의 이성적 선택을 바탕으로 이루어져야 한다. 이런 이성적 선택은 사랑과 덕에서 특징이 되는 것이다. 이는 철학을 가르치는 사람에게도 마찬가지인 듯하다. 철학의 가치는 돈으로 헤아릴 수 없고, 명예를 준다 한들 이들이 베푼 것에 비하면 부족하다. 하지만 신들이나 자기 부모에게 하듯 자기가 줄 수 있는 것으로 갚는다면, 그것으로 충분하다.

그러나 상대방이 내게 베푼 무엇인가가 이런 성질의 것이 아니라 어떤 대가를 목적으로 이루어진 것이라면, 그 사람에게는 두 사람 모두가 합당하다고 여기는 것으로 되갚는 것이 틀림없이 좋은 일일 테다. 그것이 불가능하다면 먼저 베푸는 것을 받은 사람이 그 가치를 정하는 것이 필요하며, 또 공정한 일이기도 하다. 받은 사람이 자기가 얻은 유익에 상응하는 것이나 즐거움을 얻으려고 치른 값에 상당하는 것으로 되갚는다면, 베푼 사람은 자기가 받아야 할 만큼을 상대에게 되돌려받는 것이 되기 때문이다.

어떤 대상을 소유하고 있는 사람과 그 대상을 얻으려는 사람은 그 대상을 같은 가치로 평가하지 않는다. 누구든 자기가 소유한 것과 베푸는 것에 더 큰 가치가 있다고 생각한다. 그럼에도 그에 대한 대가는 받는 사람이 정한 조건에 따라서 이루어진다. 하지만 그 가치는 받는 사람이 그 대상을 소유하고 있을 때, 즉 그 대상이 지니고 있을 법한 가치가 아니라 그 대상을 소유하기 전에 자기가 평가한 가치대로 평가해야 한다.

사랑의 난제:
상대가 변해서 예전 같지 않을 때

　유익이나 즐거움에 바탕을 둔 사랑에서 또 다른 난제는 상대가 변해서 예전 같지 않을 때 그런 사랑의 관계를 끊을 것인지, 그 관계를 그대로 이어갈 것인지 하는 것이다. 더는 상대에게 그런 속성이 없을 때, 우리는 그런 사람과의 관계가 끊어지더라도 전혀 이상할 일이 아니라고 말할 수 있다. 유익이나 즐거움이라는 속성 때문에 친구로 지냈는데, 이제 그런 속성이 없어졌으니 더 이상 사랑하지 않는 것은 당연하기 때문이다.

　하지만 상대가 우리를 유익함이나 즐거움 때문에 사랑하는 것이면서도 마치 성품 때문에 사랑하는 척한다면 불평이 생긴다. 우리가 논의를 시작하면서 말했듯, 친구 사이에서 가장 빈번하게 다툼이 일어나는 까닭은 이들이 친구가 된 진짜 이유와 서로가 그렇다고 생각하는 이유가 다르기 때문이다. 예컨대 어떤 사람이 스스로 자기가 성품이 좋아서 사랑받는다고 생각하는데 상대는 그 사람을 사랑하는 게 전혀 아닐 때, 그 사람은 자신을 비난해야 한다. 반면 상대에게 감쪽같이 속아 그렇게 오해했을 때는 속인 사람에게 불평하는 것이 마땅한 일이다. 이런 악행이 더 가치 있는 무엇인가와 관련이 있는 한, 그 사람이 세간에서 화폐 위조범에 대해서 불평하는 것보다 크게 불평한다 해도 무리가 아니다.

그러나 우리가 어떤 사람을 좋은 사람으로 알고 친구로 받아들였는데, 그 사람이 알고 보니 나쁜 사람이거나 그렇게 보일 만하게 행동한다면 그런 사람을 여전히 친구로서 사랑해야 할까? 확실히 그렇게 하기는 불가능하다. 우리는 모든 것을 사랑할 수 없고 오직 좋은 것만 사랑할 수 있으니까 말이다. 악한 것은 사랑할 수도 없고, 사랑해서도 안 된다. 또한 악을 사랑하는 사람이 되어서도 안 되고, 나쁜 것을 닮아서도 안 된다.

우리는 앞서 유유상종이라고 말한 바 있다. 그렇다면 곧바로 사랑하는 관계를 끊어야 마땅할까? 만약 어떤 경우에나 그런 것이 아니라면, 친구의 악함이 구제할 수 없을 정도가 되었을 때만 그렇게 해야 할까?

개선의 가능성이 있다면 친구를 재물로 돕기보다는 성품을 바로잡도록 도와야 한다. 성품이 더 고귀한 것이고, 재물보다 친구 사이에 더 고유한 것이기 때문이다. 하지만 이런 때 친구 관계를 끊더라도 전혀 이상하게 보이지 않을 것이다. 원래 그런 사람을 친구로 삼은 것도 아니고, 친구를 원래 모습으로 되돌리지 못해 떠난 것이니까 말이다.

그런데 한 친구는 예전 그대로인데 다른 친구는 더 훌륭해져 덕에서 친구보다 훨씬 우월해졌다면, 훨씬 훌륭해진 친구는 예전 그대로인 친구를 여전히 친구로 대해야 할까? 확실히 그렇게 할 수는 없다. 예컨대 이는 어릴 적부터 친구였던 두 사람 사이에서 격차가 크게 벌어졌을 때 가장 분명하게 드러난다.

가령 한 친구는 여전히 생각이 어린애 같은데 다른 친구는 아주 훌륭한 어른으로 자랐다고 해보자. 이 둘이 같은 것에 공감하지도 않고, 같은 것에 기뻐하지도 않으며, 같은 것에 고통스러워하지도 않는데, 이 둘이 어떻게 친구가 될 수 있을까? 서로의 성품에서도 취향이 맞지 않고, 이렇게 취향이 맞지 않으면 삶을 함께할 수 없으니 서로 친구가 되지 못한다. 이 점에 대해서는 앞서 이야기한 바 있다.

그렇다면 그 친구를 마치 한 번도 자기 친구였던 적이 없었던 사람처럼 대해야 할까? 확실히 우리는 예전의 친밀함을 기억해야 한다. 우리가 낯선 사람보다 친구에게 더 잘해주어야 한다고 생각하는 것처럼 친구의 악함이 너무 심해서 친구 관계가 깨진 것이 아니면, 한때 친구였던 사람을 대하면서 예전의 관계를 참작해야 한다.

자신을 사랑해야
다른 사람과 친구가 될 수 있다

　가까운 사람과 맺는 사랑의 관계와 사랑을 사랑이게 하는 몇 가지 특징은 어떤 사람이 자기 자신과 맺는 관계에서 나오는 듯하다. 우리는 친구를 위해서 좋은 것과 좋아 보이는 것을 바라고 행하는 사람이나 자기 친구가 자신을 위해서 살아있고, 또 살아가길 바라는 사람을 일컬어 친구라고 한다. 이는 어머니가 자식에게 느끼는 감정이고, 생각이 다른 친구가 서로에 대해서 느끼는 감정이기도 하다.

　또한 삶을 함께하는 사람이나 서로 취향이 같은 사람, 또는 슬픔과 기쁨을 함께하는 사람을 일컬어 친구라고 하는 사람도 있다. 이 역시 다른 누구보다도 어머니에게서 가장 잘 찾아볼 수 있다. 세간에서는 이런 특징 중 어느 하나로 "사랑이란 이런 것"이라고 정의한다.

그런데 우리는 이런 특징 하나하나를 좋은 사람이 자기 자신과 맺는 관계에서 발견한다(다른 모든 사람도 자신이 선하다고 생각하는 한, 이처럼 말할 수 있다. 그런데 앞서 말했듯 어떤 일에서든 덕과 좋은 사람은 기준이 있다). 훌륭한 사람은 언제나 자기 자신과 한마음이고, 진심으로 같은 것을 바란다. 따라서 이런 사람은 자기에게 좋은 것과 그렇게 보이는 것을 바라며 실제로 행하는데(좋은 것을 행하는 것이 훌륭한 사람다운 일이기 때문에), 자기 자신을 위해서 그렇게 한다(자신에게 있는 사유하는 부분을 위해서 그렇게 하는데, 이 부분이야말로 자기 자신이라고 여겨진다).

또한 훌륭한 사람은 자신이 살아 있으며 보전되길 바라는데, 특히 그에게서 사유를 담당하는 부분이 살아 있으며 보전되길 바란다. 덕이 있는 사람에게 자신이 존재한다는 사실은 좋은 것이니까 말이다. 그리고 사람마다 자신에게 좋은 것을 바라지만, 우선 다른 사람이 되어야 좋은 것을 모두 가질 수 있다고 하면 그렇게 할 사람은 아무도 없고(이 문제에 관해서라면, 심지어 지금도 신은 좋은 것을 소유하고 있다), 무엇이든 자신이 지금 그대로 있다는 조건에서만 그렇게 하기를 바란다. 즉 사유를 담당하는 부분이야말로 자기 안에 있는 어떤 다른 요소보다도 개별적인 인간 자체인 듯하다.

더욱이 훌륭한 사람은 자기 자신과 더불어 살기를 바란다. 이렇게 하는 것이 즐거움을 주는데, 예전에 한 행위를 회상하는 일은 기쁘고 앞날에 대해 희망을 품는 일도 좋은 일이어서 즐겁기 때문이다. 그의 정신은 관조적 사유의 대상을 풍부하게 간직하고 있다. 또한 그는 누구보다도 자기 자신과 함께 슬퍼하고 함께 기뻐한다. 그에게는 언제나 같은 것이 고통을 주고, 같은 것이 즐거움을 준다. 어떤 때는 이것이, 다른 때는 저것이 기쁨이나 고통을 주지 않는다. 말하자면 그에게는 후회할 것이 하나도 없다.

훌륭한 사람은 자기 자신과 맺은 관계 속에서 이런 각각의 특징을 지니고, 자기 자신과 관계를 맺듯이 친구와도 관계를 맺기에(친구는 또 다른 자기이다) 사랑 역시 이런 특성 가운데 하나로 간주하고, 이런 특성을 가진 사람을 친구라고 여긴다. 여기서는 자기 자신에 대한 사랑이 존재하는지 아니면 존재하지 않는지에 관한 문제는 잠시 접어두기로 하자.

앞서 언급했던 사랑의 여러 특성으로 미루어 보거나 다른 사람에 대한 사랑이 극에 달하면 자기 자신에 대한 사랑과 비슷해진다는 사실에 비추어 보건대, 사람이 둘 혹은 그 이상의 부분으로 되어 있는 한 자기 자신에 대한 사랑도 있을 법하다. 하지만 앞서 거론된 여러 속성은 설령 보잘것없는 사람이라고 해도 세상 사람 대부분에게 있는 듯하다.

그렇다면 우리는 이들이 자기 자신에게 만족하면서 자신이 좋은 사람이라고 생각하는 한 이들이 이런 속성을 함께 나눠 가지고 있다고 말할 수 있을까? 확실히, 철저히 악하고 불경한 사람치고 이런 속성이 실제로 있거나 있는 것처럼 보이는 사람은 하나도 없다. 또한 열등한 사람에게도 이런 속성은 거의 없다. 이렇게 열등한 사람은 자기 자신과 일치하지 않을뿐더러 가령 자제력이 없는 사람이 그렇듯이 바라는 것과 욕망하는 것이 서로 다르기 때문이다. 이런 사람은 자기에게 좋은 것이 아니라 자기에게 해로울지언정 즐거운 것을 선택한다.

자기에게 가장 좋다고 믿으면서도 겁이 많고 게을러서 그것을 하지 못하는 사람도 있다. 또한 끔찍한 짓을 많이 저질렀고 자신의 악행으로 미움을 받는 사람은 삶에서 도피하다가 결국 자기 목숨을 끊기도 한다. 게다가 악한 사람은 시간을 함께 보낼 사람을 찾으면서 자기 자신에게서 도피한다. 혼자 있으면 자기가 저지른 끔찍한 일을 회상하면서 앞으로 저지르게 될 비슷한 일을 떠올리지만, 다른 사람과 함께 있으면 그런 일을 잊을 수 있기 때문이다.

이들은 자기 안에 사랑할 만한 것이 하나도 없기에 자기 자신을 사랑한다는 감정이 하나도 없다. 그래서 이런 사람은 자기 자신과 함께 기뻐하거나 슬퍼하지 않는다. 이들의 영혼은 분열되어 있으며, 이들의 영혼 가운데 한 부분은 그 악함으로 인해 어떤 행위를 하지 못할 때 고통을 느낀다. 하지만 다른 부분은 즐거워하며 이들을 이쪽으로 끌고 가고, 다른 부분은 이들을 저쪽으로 끌고 가서 마치 산산조각이라도 내려는 것처럼 끌어당기기 때문이다.

또한 이들은 사람이 고통을 느끼면서 동시에 즐거움을 느낄 수 없다면, 어쨌든 즐거움을 느꼈다가 잠시 뒤에 고통을 느끼고서는 그런 즐거움에 가담하지 않았어야 했다고 자책한다. 이렇듯 나쁜 사람의 삶은 회한으로 가득하다. 우리는 나쁜 사람에게는 사랑할 만한 것이 전혀 없기에 자신을 사랑하는 마음조차 없는 듯하다. 이런 상태에 놓이는 것이 다시없이 비참한 일이라면, 우리는 온 신경을 다해서 악함을 피하고 좋은 사람이 되도록 애써야 한다. 이렇게 해야만 자신을 사랑하고 다른 사람과 친구가 될 수 있으니까 말이다.

최고로 사랑해야 할 대상이
나인가, 다른 사람인가

최고로 사랑해야 할 대상이 자기 자신인지, 다른 사람인지도 문제다. 세간에서는 자기 자신을 가장 사랑하는 사람을 자기애가 강한 사람이라는 수치스러운 이름으로 부르면서 비난한다. 나쁜 사람은 모든 일을 오직 자기만을 위해서 행하며, 나쁜 사람일수록 더욱 그렇다. 그렇기에 '사람은 자기에게 이익이 되지 않으면 어떤 일도 하지 않는다'며 그런 사람을 비난한다. 반면에 훌륭한 사람은 고귀한 것을 위해서 행동하고, 더 훌륭한 사람일수록 더욱 그렇게 한다. 또한 이런 사람은 친구를 위해서 행동하며 자신의 이익을 희생하기도 한다.

하지만 이런 주장은 사실과 부합하지 않는데, 이는 놀랄 일이 아니다. 세간에서는 가장 좋은 친구를 가장 많이 사랑해야 한다고들 하는데, 가장 좋은 친구는 설령 아무도 모른다고 해도 자기 친구를 위해서 그 친구가 잘되길 바라는 사람이고, 이런 속성과 친구란 이런 것이라고 규정하는 다른 모든 속성은 대부분 어떤 사람이 자기 자신에게 보이는 태도에서 찾아볼 수 있기 때문이다.

앞서 말했듯 바로 이런 관계에서 시작해서 사랑의 모든 특징이 가까운 주변 사람에게 확대되었다. 모든 속담도 마찬가지다. 예컨대 "친구는 일심동체"라거나 "친구 사이에는 네 것 내 것이 없다"라거나 "동등해야 친구다"라거나 "무릎이 정강이보다 더 가깝다"라는 속담이 그렇다. 이런 모든 특징은 사람이 자기 자신과 맺는 관계에서 가장 흔하게 찾아볼 수 있다. 따라서 각자에게 가장 좋은 친구는 자기 자신이기에 사람은 마땅히 자기 자신을 가장 사랑해야 한다.

무엇보다 사랑해야 할 대상이 자기 자신인지, 아니면 다른 사람인지는 두 견해 모두 일리가 있기에 어느 견해를 따를지 결정하기란 어렵다. 따라서 우리는 이들 두 견해를 따로 떼어 놓아 각 견해가 어디까지 참이고, 어떤 점에서 참인지를 밝혀내야 한다. 먼저 각 견해가 자기애를 어떤 의미로 쓰고 있는지를 파악하고 나면 사실이 명확히 드러날 것이다.

비난의 의미로 자기애라는 말을 쓰는 사람은 재물과 명예와 신체적 즐거움을 자기 몫보다 더 많이 챙기려는 사람을 자기애가 강한 사람이라고 본다. 이런 것은 대부분 사람이 바라는 데 마치 세상에서 가장 좋은 것이라도 되는 양 이를 얻으려 분주하기에 경쟁이나 다툼이 벌어지기도 한다. 따라서 자기 몫 이상으로 이를 손에 넣은 사람은 동물적인 욕구와 정념, 다시 말해서 자기 영혼의 비이성적 부분에 만족감을 주는 것이다.

그런데 인간의 본성이 대체로 그렇다. 이런 이유로 자기애라는 말이 지금 같은 의미로 쓰이게 된 것이다. 즉 지금 흔히 볼 수 있는 자기애의 좋지 않은 모습 때문에 자기애가 좋지 않은 의미로 쓰이게 되었다는 말이다. 이런 식으로 자기애에 빠진 사람은 비난받아 마땅하다.

세간에서 이런 것에 골몰하는 사람을 일컬어 자기애가 강한 사람이라고 한다. 어떤 사람이 다른 어떤 것보다 정의롭고 절제력 있으며, 그 밖에 다른 덕에 따라 행동하느라 늘 마음을 쓰고, 일반적으로 자기 자신에게 고귀한 길을 찾으려 늘 애를 쓴다면 아무도 이런 사람을 자기애가 강하다고 부르거나 비난하지 않기 때문이다.

하지만 이런 사람이야말로 누구보다 자기 자신을 사랑하는 사람인 듯하다. 어떤 경우든 이런 사람은 가장 고귀하고, 가장 좋은 일을 자신에게 부여하며, 자기 안에서 가장 우위에 있는 부분을 만족시키며 모든 일에서 그런 부분에 복종한다. 한 나라나 그 밖의 다른 조직체에서 가장 우위에 있는 부분이 곧 그 나라나 조직체 자체이듯, 사람 또한 다르지 않다. 가장 우위에 있는 부분을 사랑하고 만족시키는 사람이야말로 다른 누구보다도 자기 자신을 사랑하는 사람이다.

게다가 세간에서는 어떤 사람의 이성이 그를 지배하고 있는지 아닌지에 따라 그 사람이 자제력이 있다거나 없다고들 하는데, 이는 이성이 그 사람 자체라는 전제에서 나온 말이다. 사람이 이성적 원리에 따라 행한 것은 그 사람에게 가장 고유한 그 사람만의 행위이자 자발적인 행위라고 생각한다. 따라서 이성이 바로 그 자신이며, 훌륭한 사람이 다른 무엇보다도 이런 이성을 사랑한다는 것은 분명하다.

그렇기에 훌륭한 사람은 가장 참되게 자기를 사랑하는 사람이다. 이때 그의 사랑은 비난받는 대상이 되는 자기애와 다르다. 전자는 순리에 따라 살고 고귀한 것을 바라지만, 후자는 정념이 명하는 대로 살고 유익이 있는 것을 바란다는 점에서 서로 다르다. 따라서 세상은 늘 고귀한 행위에 유달리 열성을 기울이는 사람을 인정하고 칭송한다. 모든 사람이 고귀한 것을 얻으려 애를 쓰고 가장 고귀한 행동을 하려고 온갖 노력을 기울인다면, 만사가 공공의 복리를 위해서 마땅히 있어야 하는 대로 있을 것이고, 만인은 가장 지고한 좋음을 추구하려 들 것이다. 덕은 좋음 중에서 가장 지고한 것이니 말이다.

그러므로 훌륭한 사람은 자기를 사랑하는 사람이어야 한다. 고귀한 행위를 함으로써 자신도 이득을 얻고, 주변 사람에게도 이익이 되기 때문이다. 또한 나쁜 사람은 자기를 사랑하는 사람이어서는 안 된다. 나쁜 사람은 악한 정념에 따라 행동하며 자신뿐만 아니라 주변 사람에게까지 해를 끼칠 것이다. 즉 나쁜 사람은 자기가 마땅히 해야 할 일과는 딴판으로 행동하지만, 훌륭한 사람은 자기가 마땅히 해야 할 일을 한다. 이성이 있는 사람이라면 누구나 이성 자체를 위해 가장 좋은 것을 선택하고, 훌륭한 사람은 자기 이성에 복종하기 때문이다.

훌륭한 사람이 친구와 조국을 위해 많은 일을 하고, 필요하다면 친구와 조국을 위해 기꺼이 목숨을 던지기까지 한다는 것은 사실이다. 훌륭한 사람은 재물이나 명예 그리고 사람이 다투어 가지려는 좋은 것을 내던짐으로써 스스로 고귀함을 얻는다. 또한 훌륭한 사람이라면 오랜 세월 어중간한 향락을 누리기보다 짧은 시간 강렬한 즐거움을 누리는 편을, 여러 해에 걸쳐 평범하게 삶을 이어가기보다 일 년을 살더라도 고귀한 삶을 사는 편을, 그리고 수많은 시시한 일을 하기보다 위대하고 고귀한 행위 하나를 하는 편을 선택할 것이기 때문이다.

따라서 칭송받을 만한 이 모든 행위에서 훌륭한 사람은 고귀한 것 중에서 더 많은 부분을 자기 몫으로 배정한다. 앞서 말했듯 사람은 이런 의미에서 자기애가 있어야 하지만, 세간에서 흔히들 말하는 자기애여선 안 된다.

호의는 사랑의 특징이지만
사랑은 아니다

호의는 사랑의 특징이기는 하지만, 사랑은 아니다. 호의는 서로 모르는 사람에게 생길 수도 있고, 호의가 있다는 사실을 알지 못하는 사람에게도 생길 수 있지만, 사랑은 그렇지 않기 때문이다. 이에 대해서는 이미 말한 바 있다. 심지어 호의는 사랑하는 감정도 아니다. 사랑하는 감정에는 강렬함이나 욕망이 수반되지만, 호의에는 그런 것이 수반되지 않는다. 또한 사랑하는 감정에는 친밀감이 수반되지만, 호의는 갑자기 생기기도 한다. 예컨대 호의는 시합의 상대방에 대해서 생길 수 있는데, 우리는 이들에게 호의를 느끼면서 이들이 바라는 것을 함께 바라지만, 이들과 함께 무엇을 하려고 하지는 않는다. 우리는 갑자기 호의를 느끼고, 이들을 오직 피상적으로만 사랑하기 때문이다.

눈으로 보는 즐거움에서 성애적 사랑이 시작되듯이 호의는 사랑의 시작인 듯하다. 첫눈에 사랑하는 사람의 모습에서 기쁨을 느끼지 못하면 누구도 성애적 사랑을 하지 않는다. 그런데 상대의 모습에서 기쁨을 느낀 사람도 그런 모습만으로 상대를 성애적으로 사랑하지 않는다. 즉 상대가 없으면 그를 보고 싶어 하고, 그가 자기 곁에 있기를 갈망할 때 비로소 성애적 사랑을 하는 것이다. 마찬가지로 서로 호의를 느끼지 못하면 친구가 될 수 없지만, 호의를 느낀다고 해서 꼭 친구가 되는 것도 아니다. 물론 호의를 느끼는 상대가 잘되길 바라지만, 그렇다고 그런 상대와 무엇을 하려 한다거나 수고를 하려고 들지는 않으니까 말이다.

따라서 사랑이라는 말의 뜻을 확대해서 '호의는 아무것도 하지 않는 사랑'이라고 하거나, '그런 호의가 계속 이어지다가 친밀해지는 지점에 이르면 사랑이 될 수도 있다'고 하는 사람도 있다. 그러나 이때 사랑은 유익함에 바탕을 둔 것이 아닐뿐더러 즐거움에 바탕을 둔 것도 아니다. 호의는 유익함이나 즐거움에서 생기는 것이다. 남에게서 유익을 얻은 사람은 자신에게 행해진 것에 대한 보답으로 호의를 보이기도 하지만, 이렇게 하는 것은 그저 당연한 행동을 하는 것일 따름이다.

하지만 누군가를 통해서 자신이 부유해지기를 희망하면서 그 사람이 부유해지길 바라는 사람은, 그 사람이 아니라 자기 자신에게 호의를 가진 사람인 듯하다. 이는 상대방의 어떤 쓸모 때문에 그 사람에게 잘해주는 사람이 친구가 아닌 것과 같다. 우리가 시합에서 서로 경쟁하는 사람을 언급하면서 이미 지적한 바 있듯이, 대체로 호의는 어떤 사람이 고귀하거나 용기가 있거나 혹은 이와 비슷하게 보일 때 거기에서 어떤 덕이나 가치를 보면서 생겨난다.

더할 나위 없이 행복한 사람에게도
친구가 필요할까

　행복한 사람에게도 친구가 필요한지 아닌지를 두고서도 의견이 갈린다. 더할 나위 없이 행복하고 부족함이 없는 사람은 이미 좋은 것을 가지고 있으며, 더 이상 아무것도 필요치 않을 만큼 부족함이 없으니 친구가 전혀 필요치 않다고들 한다. 반면에 친구는 또 다른 나이기에 자기 힘으로는 얻을 수 없는 것을 줄 수 있다고도 한다. 그래서 "신이 내 편인데 친구가 왜 필요하겠는가?"라는 말이 나왔다고도 한다.

　하지만 행복한 사람에게 좋은 것을 모두 주고선 외적인 좋음 가운데 최고라는 친구가 그에게 주어지지 않는 건 이상한 듯하다. 도움을 받기보다 도움을 주는 게 더욱 친구다운 일이고, 남에게 좋은 것을 베푸는 일이 훌륭한 사람과 덕 있는 사람다운 일이며, 낯선 사람보다 친구에게 잘 베푸는 게 훨씬 고귀한 일이라면, 훌륭한 사람에게는 자신이 도움을 줄 사람이 필요할 것이다. 이런 이유로 일이 잘 풀릴 때 친구가 더 필요할지, 아니면 곤경에 처해 있을 때 친구가 더 필요할지 하는 의문이 생긴다. 곤경에 처해 있을 때는 자신에게 도움을 줄 친구가 필요하고, 일이 잘 풀릴 때는 자신이 도움을 줄 친구가 필요하니까 말이다.

게다가 더할 나위 없이 행복한 사람이 친구도 없이 혼자라는 것도 이상하기는 마찬가지다. 혼자라면 온 세상을 얻을 수 있다고 해도 이를 선택할 사람은 아무도 없을 것이다. 사람은 사회적 존재로서 다른 사람과 더불어 살아가는 것이 본성이다. 그렇기에 행복한 사람이라 해도 남과 어울려 살아가는 것이다. 행복한 사람은 그 본성상 좋은 것을 지니고 있는 데다가 잘 알지도 못하는 낯선 사람이나 우연히 알게 된 사람과 시간을 함께 보내는 일보다 친구나 훌륭한 사람과 시간을 함께 보내는 게 더 낫다는 것은 분명하다. 그러니 행복한 사람에게도 친구가 필요하다.

그렇다면 행복한 사람에게 친구가 필요치 않다는 주장은 어떤 의미일까? 그리고 어떤 점에서 그런 주장은 옳은 것일까?

그런 주장은 세간에서 친구란 그저 유익함을 주는 사람이라고 생각하니까 나온 주장일까? 더할 나위 없이 행복한 사람은 이미 자기에게 좋은 것이 있기에 친구가 전혀 필요치 않고, 즐거움을 얻으려고 친구를 사귈 필요도 아예 없거나 있더라도 아주 작을 뿐이며(그의 삶은 그 자체로 즐겁기에 우연한 즐거움 따위는 필요치 않다), 따라서 행복한 사람은 그런 친구가 필요치 않기에 친구가 전혀 필요치 않다고 생각되는 것이다.

그러나 단언컨대 이는 사실이 아니다. 우리가 논의를 시작하면서 '행복은 활동이며, 이런 활동은 없다가 생겨나는 것이지 재물처럼 처음부터 존재하는 게 아니다'라고 언급한 바 있기 때문이다. 만약 행복이 살아가면서 활동하는 데 있고, 우리가 처음에 말했듯 훌륭한 사람의 활동은 그 자체로 유덕하고 즐거운 것이며, 무엇인가가 자기 것이라는 생각 역시 즐거움을 낳는 원천이기는 하나 자기보다는 다른 사람을, 그리고 자기 행동보다는 남의 행동을 숙고하는 게 더 쉽다면, 또한 자기 친구로서 유덕한 사람의 행동이 훌륭한 사람에게 즐거움을 주는 것이라면(이런 행위는 그 본성상 즐거움을 주는 두 가지 속성을 모두 갖추고 있으므로), 더할 나위 없이 행복한 사람에게는 이런 친구가 필요할 것이다. 왜냐하면 더할 나위 없이 행복한 사람은 가치 있는 행동과 자기 행동을 숙고하길 바라는데, 자기 친구인 훌륭한 사람의 행동은 이 두 가지 속성을 모두 갖추고 있으니까 말이다.

또한 대부분 행복한 사람의 삶은 당연히 즐거우리라고 생각하지만 만약 행복한 사람이 혼자라면 그의 삶은 힘들 것이다. 혼자 힘으로 계속해서 활동하며 살아가는 일은 쉽지 않기 때문이다. 하지만 다른 사람과 함께라면, 그리고 다른 사람을 향해서라면 삶은 더 쉬워진다. 따라서 다른 사람과 함께라면 활동을 조금 더 지속해 갈 수 있고, 이는 그 자체로 즐거움을 준다. 더할 나위 없이 행복한 사람에게 활동이란 마땅히 이래야 한다. 훌륭한 사람은 자신이 진정으로 훌륭하다면 덕에 따른 행위에 기뻐하고, 악덕에서 나온 행위에 언짢아하기 때문이다. 이는 음악가가 아름다운 곡조에는 즐거워하고, 형편없는 곡조에는 괴로워하는 것과 다르지 않다. 테오그니스(고대 그리스의 시인으로 교훈시를 많이 남김 – 옮긴이)가 말했듯이 훌륭한 사람과 함께 어울리면 덕을 연마할 수 있게 된다.

훌륭한 사람이 훌륭한 친구를 바라는 것은 그 본성상 당연해 보인다. 앞에서 이미 말했듯 본성상 좋은 것은 훌륭한 사람에게 좋을 뿐 아니라 그 자체로 즐겁기 때문이다. 동물에게 삶은 지각 능력으로 정의되지만, 인간에게 삶은 지각 또는 사유 능력으로 정의된다. 그리고 그 능력은 그에 대응하는 활동으로 귀결되기에 현실은 바로 이런 활동에 놓여 있다. 따라서 삶은 완전한 의미에서 지각이나 사유인 것으로 보인다. 삶은 그 자체로 좋고 즐거운 것이다. 즉 삶은 규정된 것이고, 규정되어 있음은 좋음의 본성이며, 그 본성상 좋은 것은 훌륭한 사람에게도 좋은 것이다. 이것이 바로 삶이 모든 이에게 즐거운 것으로 보이는 이유다(여기서 삶이라는 말을 나쁜 삶이나 타락한 삶, 고통 속에서 지내는 삶에 적용해서는 안 된다. 이런 삶은 그 삶을 구성하는 요소와 마찬가지로 규정될 수 없는 것이기 때문이다).

이렇게 삶 자체는 좋은 것이자 즐거운 것이다(모든 사람은 삶을 바란다는 사실, 특히 훌륭하고 더할 나위 없이 행복한 사람이 삶을 바란다는 사실로 볼 때 그런 듯하다. 삶은 이들이 가장 바라는 것이고, 이들의 삶은 지극히 복된 것이기 때문이다). 그리고 우리가 지각함이나 사유함을 인식하는 것은 우리 존재를 깨달하는 것과 같다(존재한다는 것은 지각 또는 사유하는 것이라고 정의했기 때문이다). 즉 보는 사람은 자기가 보고 있음을 지각하고, 듣는 사람은 자기가 듣고 있음을 지각하며, 걷는 사람은 자기가 걷고 있음을 지각한다. 마찬가지로 다른 활동에서도 우리가 활동하고 있음을 지각하는 무엇인가가 있기에 우리가 지각할 때는 지각하고 있음을 지각하고,

우리가 사유할 때는 사유하고 있음을 지각한다. 또한 살아있음을 지각하는 것은 그 자체로 즐거운 것이다(삶은 그 본성상 좋은 것이고, 좋음이 자기에게 속해 있음을 지각하는 일은 그 자체로서 즐거운 일이기 때문이다). 왜냐하면 살아 있음은 바랄 만한 일이고, 누구보다도 좋은 사람에게 그러한데 이런 사람에게 존재는 좋고 즐거운 것이기 때문이다(이들은 그 자체로 좋은 것을 친구와 더불어 지각하면서 좋아한다).

훌륭한 사람은 친구를 자기 자신처럼 대하므로(친구는 또 다른 자기이기 때문이다), 훌륭한 사람의 존재 자체가 서로에게 바랄 만한 것이듯, 친구의 존재도 바랄 만한 것이거나 거의 그렇게 바랄 만한 것이다. 존재하는 것이 바랄 만한 것이 되는 이유는 자기가 좋은 사람임을 지각하기 때문이고, 그런 지각은 그 자체로 즐겁다. 따라서 자기 자신의 존재와 더불어 친구의 존재를 지각해야 하며, 이는 함께 살아가며 말과 생각을 함께 나눔으로써 실현된다. 이는 한 장소에서 사육되는 가축과 달리 인간에게 함께 살아간다는 말의 의미다.

그렇기에 더할 나위 없이 행복한 사람에게 존재함은 그 본성상 좋고 즐거운 것이며, 그 자체로 바랄 만한 것이다. 친구의 존재 역시 그와 같다면, 친구는 바랄 만한 것 중 하나일 것이다.

행복한 사람에게 바랄 만한 것이 되려면 그 사람은 그것을 가지고 있어야 한다. 그렇지 않으면 그 점에서 부족한 사람이 될 테니까 말이다. 따라서 사람이 행복해지려면 훌륭한 친구가 필요하다.

친구는 많을수록 좋은 걸까, 소수의 진정한 친구가 필요한 걸까

    친구는 많을수록 좋은 걸일까, 아니면 손님을 맞이할 때 "손님이 너무 많아도 탈, 너무 없어도 탈"이라는 옛말처럼 친구 역시 너무 많아도 문제이고, 너무 없어도 문제인 걸까? 유익을 목적으로 사귄 친구에게는 이 말이 딱 들어맞는 듯하다. 많은 사람에게 신세를 갚는 건 힘든 일이고 그렇게 할 만큼 인생은 길지 않다. 따라서 자기 삶을 꾸려나가기 충분한 정도보다 많은 친구는 쓸데없고, 도리어 고귀한 삶을 방해한다. 그래서 적절한 수 이상의 친구는 필요치 않다. 즐거움을 목적으로 사귀는 친구는 마치 음식에 조금만 양념을 넣어도 충분하듯 그 수가 적어도 충분하다.

    많은 사람과 삶을 함께할 수 없고, 그 많은 사람에게 자기를 쪼개어줄 수 없음은 분명하다. 게다가 많은 사람이 함께 시간을 보내려면 그들끼리도 모두 친구여야 하는데, 그렇게 많은 사람 사이에서는 이런 일이 일어나기는 힘들다. 또한 많은 사람과 아주 친밀하게 기쁨과 슬픔을 함께 나누기도 어려운 일이다. 어떤 친구와는 함께 기뻐하면서 동시에 다른 친구와는 함께 슬퍼하는 일이 벌어질 수도 있으니까 말이다.

따라서 되도록 친구를 많이 사귀려고 하기보다는 삶을 함께 하기에 부족하지 않을 정도의 친구를 사귀는 것이 좋다. 여러 사람을 사귀면서 이들 모두에게 아주 좋은 친구가 되기란 사실상 불가능해 보이기 때문이다. 이는 많은 사람과 동시에 성애적 사랑을 나눌 수 없는 이유이기도 하다. 성애적 사랑은 원래 사랑이 극대화된 것으로, 오직 한 사람에 대해서만 느껴질 수 있다. 진정한 친구가 되려면 그 사랑은 오직 소수의 사람에 대해서만 느껴질 수 있는 것이다.

이는 실제에서도 입증된다. 많은 사람이 서로 동지애로 뭉친 친구가 되기 어렵고, 여러 시인이 칭송하는 이런 종류의 사랑은 언제나 두 사람 사이의 사랑이다. 친구가 많고, 그런 친구 모두와 친밀하게 어울려 지내는 사람은 그 누구의 친구도 아니라고들 한다. 굳이 이들을 친구라고 한다면 동료 시민으로서의 친밀감일 것이고, 실제로 이런 사람을 아부꾼이라고 한다. 물론 동료 시민에게 적절한 방식에 따라 많은 사람의 친구이면서도 아부하지 않는 참으로 훌륭한 사람이 될 수도 있다. 하지만 덕과 친구 각자의 성품에 바탕을 둔 사랑을 많은 사람에게 가질 수는 없으니, 설령 아주 적은 수라도 그런 친구를 찾아낼 수 있다면 우리는 거기에 만족해야 한다.

평온할 때와 힘들 때,
친구는 언제 더 필요할까

　친구는 언제 더 필요할까? 일이 잘 풀릴 때일까, 아니면 곤경에 처했을 때일까? 우리는 일이 잘 풀리든 곤경에 처했든 어느 때나 친구를 찾는다. 모름지기 친구란 서로가 잘되길 바라는 존재이기에 곤경에 처한 사람은 자기를 도와줄 친구가 필요하고, 일이 잘 풀릴 때는 삶을 함께하고 자신이 도움을 줄 친구가 필요하다. 친구는 곤경에 처했을 때 더 필요한 법이고, 이런 상황에서 우리가 찾는 친구는 유익한 친구다. 그런데 일이 잘 풀릴 때는 훌륭한 친구를 찾게 마련이고, 이것이 더 고귀한 일이다. 왜냐하면 훌륭한 친구에게 도움을 베풀고 이들과 함께 어울려 살아가는 것이 더욱 바람직하니까 말이다.

　일이 잘 풀릴 때나 곤경에 처했을 때 친구가 바로 곁에 있다는 사실은 즐거운 일이다. 친구와 슬픔을 나누면 그 슬픔은 가벼워진다. 이때 슬픔이 가벼워지는 것이 친구가 마치 자기의 짐인 양 그런 슬픔을 함께 나누어서 지기 때문인지, 아니면 친구가 곁에 있다는 사실만으로도 즐거움을 주거나 친구가 함께 슬퍼해주고 있다고 생각해서 고통이 덜어지기 때문인지 그 이유가 궁금할 수 있다. 슬픔이 가벼워지는 게 이런 이유에서인지 아니면 다른 이유에서인지는 여기서 거론할 문제는 아니겠지만, 어쨌거나 우리가 언급한 것처럼 슬픔이 가벼워지는 일은 실제로 일어난다.

친구가 곁에 있다는 것에는 이런 여러 요인이 뒤섞여 있는 듯하다. 친구를 보는 것은 그 자체로 즐거운 일이고, 특히 곤란에 처해 있을 때라면 더욱 그렇다. 또한 친구를 보는 것은 슬픔을 막아주는 방패막이가 되기도 한다. 눈치가 있는 친구라면, 우리 얼굴을 보고 몇 마디 말을 나누는 것만으로도 우리에게 위안을 준다. 즉 친구란 우리 성품을 비롯해 어떤 것이 우리에게 즐거움을 주고, 또 고통을 주는지 잘 알고 있는 사람이다.

하지만 우리가 당한 불행을 보면서 괴로워하는 친구를 보기란 고통스러운 일이다. 자기가 원인이 되어 친구가 괴로워하기를 바라는 사람은 아무도 없다. 이런 이유로 남자다운 성정을 지닌 사람은 친구가 자기와 함께 슬퍼하지 않도록 조심하며, 친구가 유달리 고통에 둔감하다면 모를까 그렇지 않다면 자기 고통에 친구를 끌어들이는 것을 견디지 못한다. 그래서 이들은 일반적으로 자신이 비탄에 빠져 허우적대는 사람이 아니기에 친구가 함께 비탄에 빠져드는 것을 용납하지 않는다. 또한 여자나 여자 같은 성정을 지닌 남자는 자기 슬픔에 공감해주는 사람을 좋아하고, 이들을 슬픔을 함께 나누는 친구이자 동료로 여기며 사랑한다. 하지만 어떤 일에서든 더 나은 사람을 본받아야 마땅하다는 점은 분명하다.

반면 일이 잘 풀릴 때 친구가 곁에 있으면 즐겁게 시간을 보낼 수 있고, 친구가 우리 행운을 기뻐해준다는 생각에 즐거워하기도 한다. 이런 이유로 일이 잘 풀릴 때는 친구를 불러 우리 행운을 함께 나누고(남에게 도움을 베푸는 성품은 고귀한 것이기에), 불운을 만났을 때는 친구를 부르길 주저하는 게 아닌가 싶다. 나쁜 건 될 수 있으면 적게 나눠야 마땅하니까 말이다. "불행은 나 하나로 충분하다"는 옛말도 여기에서 나온 것이다. 무엇보다 우리가 친구를 불러야 할 때는 친구가 작은 수고로움을 겪을 가능성이 크지만 그런 수고로움으로 우리에게 큰 도움이 될 때이다.

반대로 곤경에 처한 친구가 요청하지 않았더라도 찾아가서 기꺼이 도움을 주는 것이 마땅하다(도움을 주는 것, 특히 곤경에 처해 있으면서도 도움을 요청하지 않는 친구를 돕는 것은 친구라면 마땅히 해야 할 일이고, 그런 행동은 두 사람 모두에게 고귀할 뿐만 아니라 즐거운 것이기도 하다). 그리고 친구의 일이 잘 풀리는 때는 기꺼이 그 친구의 활동에 함께해야 하지만(이런 사람도 친구가 필요하므로), 그런 친구가 호의를 베풀려고 할 때는 천천히 가야 한다. 도움을 받는 데 급급한 것은 고귀하지 않은 행동이니까 말이다. 하지만 친구의 호의를 거절해서 '분위기를 망치는 사람'이라는 평을 듣지 않도록 조심해야 한다. 이런 일이 가끔 있으니 말이다. 따라서 친구가 곁에 있다는 것은 어떤 경우에라도 바람직한 것 같다.

친구끼리 삶을 함께하려는 것은
지극히 당연한 일이다

성애적 사랑을 하는 사람이 가장 좋아하는 것은 사랑하는 사람을 눈으로 보는 것이다. 이런 사랑이 처음에 시작되고 지금까지 이어지는 것도 보는 것에 좌우되기에 이들은 다른 어떤 감각보다도 시각을 선호한다. 마찬가지로 친구 사이에도 가장 바람직한 건 삶을 함께하는 게 아닐까? 친구 사이의 사랑이란 함께하는 것이고, 자기 자신에게 하듯 친구에게도 그렇게 하는 것이기 때문이다.

따라서 자신이 존재함을 지각하는 것은 바랄 만한 일이고, 마찬가지로 친구가 존재함을 지각하는 것 역시 바랄 만한 일이다. 이런 지각의 활동은 삶을 함께할 때 생겨나는 것이기에 친구끼리 삶을 함께하려는 것은 지극히 당연한 일이다.

각자에게 존재함이 어떤 의미든, 각자의 삶에서 중요하게 여기는 목적이 무엇이든, 서로 뜻이 맞는 친구끼리 삶을 함께하길 바란다. 그래서 어떤 친구는 함께 술을 마시고 어떤 친구는 함께 주사위 놀이를 하고 또 어떤 친구는 같이 사냥이나 운동을 하고 같이 철학을 공부하기도 하면서, 그게 무엇이든 자신들이 가장 좋아하는 것을 하면서 함께 시간을 보낸다. 이들은 친구와 삶을 함께하길 바라기 때문에 함께하고 있음을 느끼게 해주는 일을 하며 서로 나눈다. 이런 점에서 나쁜 사람과 함께하면 그의 삶도 악해진다(삶이 불안정하다 보니 함께 나쁜 짓을 하고, 서로 닮아가다가 악해지기 때문이다).

반면에 훌륭한 사람 사이의 사랑은 좋은 것이며, 함께할수록 그 사랑은 더욱 커진다. 훌륭한 사람은 자신의 활동을 통해서 그리고 서로의 부족함을 바로잡아주면서 더 좋은 사람이 된다. 서로가 좋다고 생각하는 장점을 본받으니까 말이다. 그래서 "고귀한 것은 고귀한 사람에게 배우는 법"이라는 옛말이 생겨났다.

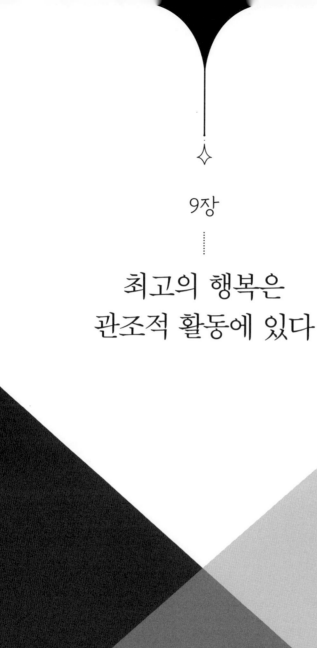

9장

최고의 행복은
관조적 활동에 있다

즐거움에 대한
세간의 견해

즐거움과 고통은 우리가 반드시 짚고 넘어가야 할 문제다. 도덕적인 덕과 악덕은 즐거움이나 고통과 관련이 있는 데다가, 대부분 행복은 즐거움과 함께하는 것이라고 말하기 때문이다.

그런데 어떤 사람은 좋음과 즐거움이 같은 것이 아니기에 그 자체로든 아니면 우연한 것이든 즐거움은 전혀 좋은 것이 아니라고 생각한다. 어떤 사람은 즐거움 중에 몇몇은 좋은 것이지만 나머지는 대체로 좋지 않다고 생각한다. 또 다른 견해도 있는데, 즐거움이 다 좋더라도 최고선이 즐거움일 수는 없다고 본다.

즐거움은 전혀 좋은 것이 아니라고 생각하는 사람은 이런 이유를 댄다. 모든 즐거움은 본성적인 상태로 나아가는 과정으로서 이를 지각할 수 있는 것인데, 집을 짓는 과정과 집은 다른 것이듯, 과정은 목적과 동류(同類)일 수 없다. 또한 절제력 있는 사람은 즐거움을 피하며, 실천적 지혜가 있는 사람은 고통이 없는 것을 추구하지 즐거움을 추구하지 않는다. 즐거움은 실천적 사유에 방해가 되고, 가령 성적인 즐거움처럼 즐거움을 많이 주는 것일수록 사유를 더 크게 방해하는데, 성적인 즐거움을 느끼는 와중에는 아무도 무엇인가에 몰입해 사유할 수 없다. 즐거움은 기술과 전혀 무관하지만 좋은 것은 전부 기술이 만들어낸 것이고, 아이와 동물도 즐거움을 추구한다.

즐거움이라고 해서 다 좋은 것이 아니라는 견해는, 즐거움 중에는 수치스럽고 비난받아 마땅한 것도 있고, 심지어 건강에 좋지 않아 해가 되는 것도 있다고 주장한다. 그리고 최고선은 즐거움이 아니라는 견해는 즐거움은 목적이 아니라 과정이라는 주장을 그 근거로 든다.

이런 세간의 이야기가 즐거움은 좋은 것이 아니라든가 즐거움은 적어도 가장 좋은 것이 아니라든가 하는 주장을 증명해주지 않음은 지금부터 이어질 논의에서 분명히 드러난다.

우선, 좋은 것은 두 가지 방식, 즉 그 자체로 좋은 것과 특정한 사람에게 좋은 것이라는 방식으로 좋은 것이기에, 본성과 성품 또한 두 가지 방식으로 좋은 것일 테고, 운동과 과정 역시 그럴 것이다. 나쁘다고 여겨지는 것 가운데, 그 자체로는 나쁜데 어떤 사람에게는 나쁘지 않아서 오히려 선택할 만한 것이 있고, 보통이라면 누구도 선택하지 않겠지만 특정한 순간에 잠깐은 선택할 만한 것도 있다. 물론 그 자체로는 선택할 만한 것이 아니지만 말이다. 또한 환자를 치료하는 과정처럼 고통이 따르지만 그 목적이 치료에 있는 모든 운동과 과정은 전혀 즐거운 게 아님에도 즐겁게 보이기도 한다.

다음으로, 좋음에는 활동도 있고 성품도 있으므로 우리를 타고난 본성적인 상태로 되돌리는 과정은 우연히 즐거울 뿐이다. 이때 이렇게 우리를 되돌리려는 욕망에 따르는 활동은 손상을 입지 않은 채로 남아 있는 우리의 성품과 본성이 하는 활동이다. 가령 관조의 즐거움처럼 고통과 욕망이 따르지 않는 즐거움이 있고, 그런 활동에서는 본성에 어떤 부족함도 없기 때문이다.

본성이 회복되는 과정에서 기쁨을 느끼는 즐거움의 대상과, 본성이 회복된 후에 기쁨을 느끼는 즐거움의 대상이 서로 다르다는 사실이 이를 증명한다. 본성이 회복된 후에는 그 자체로 즐거운 것에서 기쁨을 느끼지만 본성이 회복되는 과정에서는 그와 반대되는 것에서까지 기쁨을 느낀다. 사람은 신맛과 쓴맛에서도 기쁨을 느끼지만 그 어느 것도 그 본성이 즐거운 것이라거나 그 자체로 즐거운 것이 아니다. 즐거움도 마찬가지다. 즐거움을 주는 대상이 서로 다르듯, 그런 대상에서 생기는 즐거움도 서로 다르기 때문이다.

또한 누군가 목적이 과정보다 더 낫다고 주장했다고 해서 즐거움보다 더 나은 것이 꼭 있어야 하는 것도 아니다. 즐거움은 모두 과정도 아니요, 언제나 과정을 수반하지도 않고, 활동이자 그 자체가 목적이기 때문이다. 즐거움은 어떤 능력을 얻을 때가 아니라 그 능력을 썼을 때 생긴다.

마지막으로, 모든 즐거움에 즐거움 자체가 아닌 다른 목적이 있는 것은 아니며, 오직 그 본성의 완성으로 나아가는 과정에 있는 사람의 즐거움에만 따로 목적이 있다. 이런 까닭에 즐거움이 감각되는 과정이라고 하는 것은 옳지 않고, 오히려 본성적 상태의 활동이라고 하거나 감각되는 것이 아니라 방해받지 않는 것이라고 해야 한다. 활동이 과정이라고 생각하고선 즐거움은 과정이고 그 자체로 좋다고 생각하는 사람도 있지만 실제로 활동은 과정과 다르다.

즐거움을 주는 것 중에는 건강을 해치는 것도 있으니 즐거움은 나쁜 것이라는 견해는, 마치 건강에 좋은 것 중에 돈벌이에 나쁜 것이 있으니 건강에 좋은 것은 다 나쁘다고 말하는 것이나 다를 바 없다. 물론 이런 점에서라면 둘 다 나쁘지만 그 자체로서 나쁜 것은 아니다. 심지어 관조하는 것조차 때로는 건강을 해칠 수 있으니 말이다.

실천적 지혜를 비롯한 온갖 성품은 그 자체에서 생기는 즐거움에 방해받지 않는다. 방해하는 것은 오히려 이질적인 즐거움이다. 우리는 관조나 배움에서 생기는 즐거움 때문에 더욱더 관조하고 배우게 되기 때문이다. 어떤 즐거움도 기술의 소산이 아니라는 사실은 충분히 일리가 있다. 비록 향료를 만드는 기술이나 요리하는 기술이 즐거움과 관련이 있다고들 하지만 기술은 활동이 아니라 능력에 속하기 때문이다.

절제력 있는 사람은 즐거움을 피한다든지, 실천적 지혜가 있는 사람은 고통 없는 삶을 추구한다든지, 아이나 동물은 즐거움을 추구한다는 주장은 모든 앞서 제시된 논변으로 해소된다. 우리는 어떤 의미에서 즐거움이 그 자체로 좋은 것이고, 어떤 의미에서 즐거움이라고 해서 다 좋은 것이 아닌지 이미 설명했다. 동물이나 아이나 모두 그 자체로 좋은 것이 아닌 즐거움을 추구하고, 실천적 지혜가 있는 사람은 그런 즐거움에서 벗어난 고통 없는 삶을 추구한다. 이런 즐거움은 욕망과 고통을 동반하는 즐거움으로, 신체적 즐거움(이런 즐거움이 바로 즐거움과 고통을 동반하는 것이기 때문이다)과 그런 즐거움이 과도한 것이다. 이런 것을 따르는 것이 무절제한 사람을 무절제하게 만든다. 이런 이유로 절제력 있는 사람은 그런 즐거움을 피한다. 절제력 있는 사람에게는 그 나름의 즐거움이 있기 때문이다.

즐거움은 고통과 달리
필연적으로 좋은 것이다

누구나 인정하듯, 고통은 나쁜 것이고 피하고 싶은 것이다. 그 자체로 나쁜 고통도 있고, 어떤 면에서 우리에게 방해가 되기에 나쁜 고통도 있다. 어떤 것이 그 자체로 나쁘고 피해야 할 것이라면, 그렇게 피해야 할 것에 반대되는 것이 좋은 것이다. 따라서 즐거움은 필연적으로 좋은 것이다.

또한 어떤 앎이 나쁜 것이라고 해서 특정한 종류의 앎이 가장 훌륭한 것이 되는 것을 막지 못하듯, 즐거움 중에서도 어떤 즐거움이 나쁘다고 해서 특정한 종류의 즐거움이 최고선이 되지 못하리라는 법은 없다. 각각의 성품에 방해받지 않는 활동이 있는 한, 모든 성품의 활동이 행복이든 아니면 그런 성품 일부의 활동이 행복이든, 그 활동이 방해받지 않는 것이라면 이것이 우리가 가장 선택할 만한 것이라는 점은 아마 필연적이기까지 하다. 그리고 이렇게 방해받지 않는 활동이 바로 즐거움이다. 따라서 비록 즐거움 대부분이 나쁘거나 그 자체로 나쁘더라도, 어떤 즐거움은 최고선일 수 있다.

바로 이런 이유로 '행복한 삶이 곧 즐거운 삶'이라고 생각하면서 즐거움을 자신들이 이상으로 품고 있는 행복 속에 엮어 넣는데, 이것은 일리 있는 일이다. 어떤 활동이라도 방해를 받으면 완전해지지 않는데, 행복은 완전한 것 중 하나이기 때문이다. 이것이 바로 행복한 사람에게 신체와 관련된 좋은 것과 더불어 외적으로 좋은 것과 행운이 필요한 이유다. 그런 것으로 방해를 받아서는 안 되니까 말이다.

고문을 당하거나 큰 불행에 빠진 사람이라도 그가 좋은 사람이라면 행복할 것이라고 말하는 사람도 있지만 그런 말이 진심이든 아니든, 다 헛소리에 지나지 않는다.

'행복해지려면 다른 것만큼이나 운도 필요하므로 행운이 행복과 같다'고 생각하는 사람도 있지만 실은 그렇지 않다. 행운도 과하면 방해가 되고 그런 때는 더 이상 행운이라 불러서는 안 되기 때문이다. 행운인지 아닌지는 오직 행복과 어떤 관계인지에 따라서 정해진다.

그리고 동물이나 인간 모두 즐거움을 추구한다는 사실은 어떤 식으로든 그런 즐거움이 최고선임을 보여주는 징표와도 같다. "많은 백성의 입에서 나온 이야기는 결코 완전히 없어지지 않는다." 하지만 하나의 본성이나 품성이 모든 사람에게 가장 좋은 것도 아닐뿐더러 그렇게 여겨지지도 않는다. 모두가 즐거움을 추구하기는 하지만 그렇다고 모두 같은 즐거움을 추구하지도 않는다. 하지만 이들이 추구하는 즐거움은 어쩌면 자기가 생각하는 즐거움도 아니고, 자기가 추구한다고 말하는 그런 즐거움도 아니며, 실은 같은 즐거움일지도 모른다. 모든 것은 그 본성상 신적인 어떤 것을 지니고 있기 때문이다.

그런데 즐거움이라는 이름을 독차지한 것은 '신체의 즐거움'인데, 이는 사람이 가장 흔하게 빠져드는 즐거움이 신체의 즐거움이고 모두가 그런 즐거움에 관여하기 때문이다. 사람이 아는 즐거움이라곤 오직 이런 즐거움뿐이기에, 이를 유일하게 존재하는 즐거움이라고 착각한다.

만약 우리 능력의 활동인 즐거움이 나쁜 것이라면 행복한 사람이 즐겁게 살지 못하리라는 점 또한 분명하다. 만약 즐거움이 좋은 것이 아니라서 행복한 사람조차 고통스러운 삶을 살아야 한다면, 무슨 목적을 위해서 행복한 사람에게 즐거움이 필요할까? 즐거움이 좋음도 아니고 나쁨도 아니라면, 고통 또한 그럴 것이다. 그렇다면 고통을 피할 이유가 어디 있을까? 따라서 만약 훌륭한 사람의 활동이 더 즐거운 게 아니라면, 훌륭한 사람의 삶도 다른 사람의 삶보다 더 즐겁지는 않을 것이다.

신체적인 즐거움은
어느 정도까지만 좋을 뿐이다

신체적인 즐거움을 이야기할 때 '고귀한 즐거움 같이 선택할 만한 가치가 있는 즐거움도 있지만 무절제한 사람이나 관심을 가질 법한 신체적 즐거움은 선택할 만한 가치가 없다'고 말하는 사람이라면, 그 반대되는 고통은 왜 나쁜 것인지를 반드시 살펴보아야 한다.

물론 나쁜 것에 반대되는 것은 좋은 것이기 때문일 테다. 그렇다면 꼭 필요한 신체적 즐거움은, 나쁘지 않은 것은 좋은 것이라는 의미에서만 좋은 것일까? 아니면 어느 정도까지만 좋은 것일까? 좋은 것을 넘어서서까지 과함이 허용되지 않는 성품과 운동에는 과도한 즐거움도 허용되지 않지만, 그런 과함이 허용되는 성품과 운동에는 과도한 즐거움이 허용된다. 신체적 좋음에는 과함이 허용되며, 나쁜 사람이 나쁜 이유는 그 사람이 그저 꼭 필요한 신체적 즐거움을 추구해서가 아니라 이러한 과함을 추구하기 때문이다. 누구나 맛있는 음식을 먹고 술을 마시며 성욕을 충족시키는 데서 어느 정도 기쁨을 느끼지만 모두가 마땅히 그래야 하는 방식으로 행동하지는 않는다.

고통의 경우에는 사정이 정반대다. 나쁜 사람이 피하는 것은 과도한 고통이 아니라 모든 고통이다. 과도한 즐거움의 반대는 고통이 아니지만, 그렇게 과도한 즐거움을 추구하는 사람에게는 고통이다.

그런데 참된 것만 말하지 말고 그릇된 것의 원인도 말해야 한다. 그래야 확신을 갖는 데 도움이 된다. 실제는 참이 아닌데도 참으로 잘못 보이는 이유를 이치에 맞게 설명할 수 있다면, 우리는 참된 것에 더 큰 확신을 갖게 될 것이기 때문이다. 따라서 우리는 어째서 신체적인 즐거움이 더 선택할 만한 가치가 있는 것으로 보이는지를 이야기해야 한다.

우선, 신체적 즐거움은 고통을 몰아낸다. 과도한 고통을 겪게 되면, 사람은 그 고통을 치료하려고 일반적으로 과도한 신체적 즐거움을 추구한다. 이런 신체적 즐거움은 고통에 반대되는 것처럼 보이기에 이런 치료제로서 강력한 감정을 낳고 또

바로 그런 이유로 추구되기도 한다.

앞서 말했듯이 즐거움은 다음과 같은 두 가지 이유에서 좋은 것이라고 여겨지지 않는다. 첫째는 즐거움 중 일부는 동물에서처럼 본능으로 타고났든 나쁜 사람의 경우처럼 습관에 따른 것이든, 나쁜 본성에 속하는 활동이기 때문이다. 둘째는 즐거움이 결핍에 대한 치료이며, 완전한 상태에 있는 것이 완전한 상태로 향해 가는 과정에 있는 것보다 더 낫기 때문이다. 이때 즐거움은 완전해지는 과정에서 생기는 것이기에 단지 우연히 좋은 것일 뿐이다.

신체적인 즐거움은 강렬하기에 다른 즐거움에서 기쁨을 얻지 못하는 사람이 추구한다. 이런 사람은 자기 안에 스스로 신체적 즐거움에 대한 일종의 갈증을 만들어낸다. 이런 갈증이 해롭지 않다면야 탓할 일이 아니겠지만 해롭다면 나쁜 것이다. 이런 사람은 다른 데서는 기쁨을 누리지 못하고, 즐거움도 고통도 아닌 중간 상태는 그 본성상 많은 사람을 고통스럽게 한다. 자연학자는 우리에게 보고 듣는 것이 고역이자 고통이라고 말하는데, 이들이 증언하듯 동물도 항상 고역을 치르고 있으니 말이다. 이들의 주장대로라면, 우리는 그런 일에 익숙해져 있을 뿐이다.

마찬가지로 사람이 젊을 때는 육체의 성장이 진행되는 중이다 보니 술에 취한 사람과 같은 상태에 놓이고, 그래서 젊음은 즐거운 것이다. 하지만 우울증 기질을 타고난 사람은 언제나 치료가 필요하다. 이들의 신체는 유별난 기질 탓에 끊임없이 자기를 괴롭히고, 늘 강렬한 욕망에 사로잡혀 있기 때문이다. 그런데 고통은 고통에 반대되는 즐거움뿐만 아니라 강렬하기만 하다면 다른 어떤 즐거움에도 밀려서 쫓겨난다. 이런 이유로 이들은 무절제하고 나쁜 사람이 된다.

하지만 고통을 동반하지 않는 즐거움에는 과함이 허용되지 않는다. 이러한 즐거움은 그 본성상 즐거운 것에서 생겨나지, 우연히 즐거운 것에서는 생겨나지 않는다. 회복 과정에서 생겨나는 즐거움은 우연히 즐거운 것이다. 회복은 여전히 건강을 유지하고 있는 부분이 어느 정도 활동적이지 않다면 일어나지 않기에 그 과정이 즐거운 것으로 보인다. 그런데 본성적으로 즐거운 것은 건강한 본성의 활동을 자극하는 데서 오는 즐거움이다.

어떤 것이 언제라도 즐거울 수는 없다. 우리 본성이 그렇게 단순하지 않을뿐더러 우리가 죽을 수밖에 없는 존재인 한, 우리 안에는 무엇인가 다른 요소가 있기 때문이다. 그런 까닭에 둘 중에서 어느 한 요소가 무엇인가를 하면 이는 다른 한 요소의 본성에는 어긋나게 된다. 반면에 두 요소가 서로 균형을 이루었을 때는 행해진 것이 고통스럽지도 않고, 그렇다고 즐겁지도 않은 것으로 보인다. 만약 본성이 단순하다면 언제나 똑같은 행위가 가장 즐거운 것이 될 테니 말이다.

이런 이유에서 신은 언제나 하나이자 단순한 즐거움만을 누린다. 운동만 활동이 아니고 운동하지 않는 것 역시 활동이다. 즐거움은 운동보다 정지하는 중에 더 많이 존재한다. 어떤 시인이 말했듯이 "모든 변화는 달콤한 것"이지만 이는 어떤 악덕 때문이다. 쉽게 변하는 사람이 나쁜 사람이듯이, 변화가 필요한 본성 또한 나쁜 것이다. 그런 본성은 단순한 것도, 좋은 것도 아니기 때문이다.

행복은 성품이 아니라
어떤 활동으로 구분해야 한다

우리는 인간사의 최종 목적인 행복이 성품이 아니라고 앞에서 말한 바 있다. 만약 행복이 성품이라면 이때 행복은 한평생 잠만 자면서 식물처럼 사는 사람이나 큰 불운에 맞닥뜨린 사람에게도 해당할 것이다. 이런 결론을 받아들일 수 없기에 우리는 앞서 말했듯 행복을 어떤 활동으로 구분해야 한다.

그런데 다른 어떤 것을 위해서 꼭 필요해서 바람직한 활동도 있고, 그 자체로 바람직한 활동도 있다. 행복은 그 자체로 바람직한 활동 중 하나이지, 다른 어떤 것을 위해서 바람직한 활동 중 하나가 아님은 분명하다. 행복은 부족함이 전혀 없으며 그 자체로 충분한 것이기 때문이다. 그 자체로 바람직한 활동이란 그 활동을 넘어서는 어떤 것도 추구하지 않는 활동이다. 그리고 덕에 따른 행위가 바로 이런 본성을 가진 활동이라고 여겨진다. 고귀하고 훌륭한 행동은 그 자체로 바람직하기 때문이다.

즐거운 놀이에도 이런 본성이 있는 것으로 보인다. 우리는 다른 것을 이루려고 놀이를 선택하지는 않으니 말이다. 사람이 놀이에 빠지면 자기 몸과 재물을 소홀히 다루게 되기에 이런 놀이는 우리에게 득보다는 실이 된다. 세간에서 행복하다고 여겨지는 사람 대부분은 이런 놀이에 빠져 시간을 보낸다. 참주의 궁전에서는 이런 놀이에 능한 자들이 높은 평가를 받는다. 이런 자들은 참주가 가장 좋아하는 소일거리에서 유쾌한 동료가 되고, 참주는 이런 자들을 원한다. 권력을 쥐락펴락하는 자리에 앉은 사람이 이런 놀이로 여가를 보내다 보니 세간에서는 놀이가 행복의 본성을 지니고 있다고들 생각한다.

하지만 이들은 아무것도 증명하지 못한다. 훌륭한 활동을 낳는 덕과 지성은 권력을 쥔 자의 지위에 의존하지 않기 때문이다. 게다가 자유민에게 어울리는 즐거움을 한 번도 맛보지 못한 순수한 사람이 신체적인 즐거움으로 도피하더라도, 바로 그런 이유에서 신체적인 즐거움이 더 바람직하다고 여겨지지도 않는다. 어린아이조차 자신들 사이에서 영예로운 것을 가장 좋은 것으로 생각한다. 이렇게 어린아이와 어른 사이에서 영예로운 것으로 보이는 것이 서로 다르듯, 나쁜 사람과 훌륭한 사람 사이에서도 마찬가지다. 앞서 몇 차례 주장했듯이 훌륭한 사람에게 영예롭고 즐거운 것이 진정으로 영예롭고 즐거운 것이다. 각자에게는 자기 성품에 따른 활동이 가장 바람직하고, 훌륭한 사람에게는 덕에 따른 활동이 가장 바람직하다.

행복은 놀이에 있지 않다. 만약 인간의 목적이 놀이이고 놀이를 즐기려고 한평생 온갖 수고로움과 고난을 겪어야 한다면, 이는 정말 어처구니없는 소리일 것이다. 한마디로, 행복을 제외하면 우리가 선택한 모든 것은 다른 무엇인가를 이루기 위해서 선택한 것이라는 말이다. 행복은 인간의 목적이니까 말이다.

놀이를 즐기려고 온갖 애를 써가며 일을 하는 것은 어리석고 유치해 보인다. 하지만 아나카르시스(전설상 스키타이의 군주이자 철학자로 고대 그리스의 일곱 현인 중 한 명으로 꼽힘 – 옮긴이)가 말했듯이 열심히 일하려고 놀이를 즐긴다는 말은 옳다. 놀이는 일종의 휴식이고, 사람은 쉬지 않고 일을 할 수는 없는 노릇이기에 휴식이 필요하니까 말이다. 휴식은 인간의 목적이 아니다. 휴식을 취하는 것은 활동을 위해서이기 때문이다.

행복한 삶은 덕에 따르는 삶이라고들 생각한다. 덕에 따르는 삶은 놀이를 즐기는 삶이 아니라 열심히 애쓰는 삶이다. 우리는 웃고 노는 일보다 진지하게 일하는 것이 더 낫고, 우리 존재를 이루는 두 부분이든 아니면 두 사람이든, 둘 중 더 나은 쪽의 활동이 더 진지한 것이라고 말한다. 하지만 더 나은 쪽의 활동이 더 우월하고 행복의 본성을 더 많이 지니고 있다.

신체적인 즐거움은 누구나 누릴 수 있고, 심지어 노예조차도 가장 훌륭한 사람 못지않게 누릴 수 있다. 그렇다고 노예에게 인간적인 삶이 있다면 모르겠지만 설령 그렇더라도 우리는 노예가 행복하다고 생각하지는 않는다. 행복은 그런 소일거리에 있지 않고, 앞서 말했듯 덕에 따른 활동에 있기 때문이다.

관조적 활동이야말로
가장 완전한 행복이다

　행복이 덕에 따른 활동이라면 덕 중에서도 최고의 덕을 따른 활동이어야 함은 합당하다. 그리고 이런 덕은 우리 안에서 가장 좋은 부분의 덕일 것이다. 그것이 지성이든 아니면 다른 무엇이든 우리 안에서 가장 좋은 부분은 그 본성상 우리를 지배하고 인도하며 고귀하고 신적인 것을 깊이 생각한다. 그 자체가 신적이든 아니면 우리 안에 존재하는 유일하게 가장 신적인 부분이든 자기에게 고유한 미덕에 따른 활동이 가장 완전한 행복일 것이다.

　그런 활동이 관조적 활동임은 앞서 말한 바 있다. 이는 앞서 말했던 것과 일치할 뿐만 아니라 알려진 사실과도 일치하는 듯하다. 첫째로, 관조적 활동은 최고의 활동이기 때문이다. 우리 안에서 최고의 것은 지성이고, 이런 지성은 인간이 알 수 있을 만한 것 가운데 최고의 것을 그 대상으로 다룬다.

둘째로, 관조적 활동은 가장 지속적인 활동이다. 우리는 다른 어떤 행위보다 진리를 관조하는 일을 더 지속적으로 행할 수 있기 때문이다. 그리고 우리는 행복에는 즐거움이 포함되어 있어야 한다고 생각하지만, 인정하건대 철학적 지혜에 따른 활동이 덕에 따른 모든 활동 가운데 가장 즐겁다. 어쨌거나 적어도 철학은 그 순수함과 견실함에서 믿기 어려울 만큼 놀라운 즐거움을 준다고 여겨지며, 철학적 지식을 이미 가지고 있는 사람이 그런 지식을 추구하는 사람보다 더 즐겁게 시간을 보내리라고 생각하는 것은 당연하다.

또한 이른바 '자족함'도 대부분 관조적 활동에서 찾아볼 수 있다. 철학적 지혜를 갖춘 사람이든 정의로운 사람이든 아니면 다른 덕이 있는 사람이든, 살아가는 데 꼭 필요한 것이 있다. 하지만 그런 것이 충분히 갖춰졌더라도 정의로운 사람에게는 그가 정의로운 행위를 할 상대방과 그런 행위를 함께 할 사람이 필요하다. 이는 절제력 있는 사람이든 용기 있는 사람이든 아니면 그 밖의 덕을 지닌 사람이든 모두 마찬가지다. 하지만 철학적 지혜를 갖춘 사람은 심지어 혼자여도 진리를 관조할 수 있고, 지혜로울수록 관조를 더 잘하게 된다. 아마 그와 함께 철학을 함께 하는 동료가 있었다면 훨씬 더 낫겠지만 그럼에도 그는 여전히 가장 자족적인 사람이다.

관조적 활동은 그 자체로 사랑받는 듯하다. 이런 활동에서는 관조하는 것 말고는 아무것도 생기지 않지만 실천적 활동에서는 그 행위 말고도 크든 작든 무엇인가를 얻는다.

행복은 여유로움에 달려 있다. 우리가 바삐 일하는 것은 여유로움을 얻기 위해서이고, 전쟁을 벌이는 것은 평화롭게 살기 위해서이다. 실천적 덕에 따른 활동은 정치나 전쟁과 관련된 일에서 나타나지만 이와 관련된 행위는 여유로움과는 거리가 있는 듯하다. 전쟁과 관련된 행위는 전적으로 그렇다(전쟁 자체를 위해서 전쟁에 나서거나 전쟁을 일으키는 사람은 아무도 없다. 전투를 벌이고 살육을 저지르겠다고 친구를 적으로 돌리는 사람은, 그 사람이 누구든 피에 굶주린 사람에 불과하다). 정치가의 행위 또한 여유로움과 거리가 멀긴 마찬가지고, 정치적 행위를 넘어서 전제적 권력이나 명예 아니면 어쨌든 자기 자신과 동료 시민의 행복을 목표로 삼는다. 이때 행복은 정치적 행위와 다른 것이고, 정치적 행위와는 다른 것으로 추구되는 것이 분명하다.

따라서 덕에 따른 행위 중 정치적 행위와 전쟁과 관련된 행위가 그 고귀함이라든가 위대함이라는 면에서는 뛰어난 것이지만, 이들 행위는 여유로움과는 거리가 멀고 어떤 목적을 추구하며 그 자체로 바람직한 행위는 아니다. 반면 지성의 활동은 관조적이고, 그 진지함에서 우월한 동시에 그 자체를 넘어선 어떤 목적도 추구하지 않으며, 그 자체에 고유한 나름의 즐거움이 있다(이런 즐거움이 그런 활동을 강화한다).

또한 자족함과 여유로움, 싫증 나지 않는 삶을 비롯해 더할 나위 없이 행복한 사람에게 주어진 그 밖의 모든 속성이, 인간에게 가능한 한에서 이런 활동과 결부되어 있음이 분명하다. 그렇기에 만약 지성의 활동이 한평생 내내 이루어지기만 하면, 지성의 활동은 인간의 완전한 행복일 것이다. 이런 행복을 이루는 속성 중 불완전한 것은 하나도 없으니까 말이다.

하지만 이런 삶은 인간이 도달하기에는 너무나도 높은 삶이다. 인간이 이런 삶을 살게 된다면 그것은 그가 인간이어서가 아니라 자기 안에 존재하는 신적인 무엇인가 때문일 것이다. 이런 신적인 것이 영혼과 신체로 이루어진 우리 본성보다 우월한 그만큼 이런 신적인 것의 활동은 다른 덕에 따른 활동보다 우월하다. 따라서 만약 지성이 인간적인 것과 비교해 신적이라면, 지성에 따르는 삶 역시 인간적인 것에 따르는 삶과 비교해 신적일 것이다. 하지만 우리는 '우리가 인간이니 인간적인 일을, 죽을 수밖에 없는 존재이니 죽어 사라질 것을 생각해야 한다'는 조언을 따를 것이 아니라, 할 수 있는 만큼 우리 자신이 불멸의 존재가 되게 하고 우리 안에 있는 것 중 최고의 것을 따라 살아가기 위해 온 힘을 기울여야 한다. 이런 최고의 것은 그 크기가 작을지는 몰라도 그 힘과 가치라는 면에서는 모든 것을 능가하기 때문이다. 그리고 이런 최고의 것이야말로 실제로 각자 자신인 듯하다. 그것이 각자를 지배하는 부분이자 각자를 이루는 부분 중 가장 좋은 부분이기 때문이다.

따라서 자기만의 고유한 삶이 아니라 그와 다른 어떤 삶을 산다는 것은 어딘지 낯설어 보인다. 우리가 앞서 말한 것이 여기에도 그대로 적용되기도 한다. 즉 어떤 것이든 그것에 고유한 것이 그 본성상 그것에 가장 좋고 즐거운 것이다. 따라서 지성이 다른 무엇보다 인간에게 고유한 것이기에 지성에 따른 삶이 가장 좋고 즐거운 것이고, 이런 삶이야말로 가장 행복한 삶이다.

자기 지성에 따라 행동한다면
가장 행복한 사람이다

지성에 따른 삶이 가장 행복한 삶이고, 다른 덕을 따른 삶은 그다음으로 행복한 삶이다. 그런 다른 덕에 따른 활동은 인간의 처지에 딱 들어맞는 것이다. 우리는 계약이나 봉사를 비롯한 온갖 행위와 정념에 적절한 것을 지키면서 서로 정의나 용기를 비롯해 덕에 따른 행위를 하는데, 이 모든 활동은 전형적으로 인간적인 것으로 보인다. 그런 활동 중 일부는 신체에서 비롯한 것으로 보이지만 성품이 지닌 덕은 여러 가지 형태로 정념에 깊이 결부된 듯하다.

실천적 지혜 역시 성품이 지닌 덕과 연관되어 있고 이런 덕도 실천적 지혜와 연관되어 있다. 이는 도덕적인 덕이 실천적 지혜의 원리를 정하고, 반대로 실천적 지혜가 도덕적인 덕에서 무엇이 올바른 것인지를 정하기 때문이다. 도덕적인 덕은 정념과도 연관되어 있어서 이런 도덕적인 덕은 영혼과 신체로 이루어진 우리 본성에 속하는 것일 수밖에 없다. 영혼과 신체로 이루어진 우리 본성의 덕은 인간적이다. 따라서 이런 덕에 상응하는 삶과 행복도 마찬가지로 인간적이다. 반면 지성의 덕은 그것과 다르다. 이에 관해서는 이 정도로 이야기하는 것으로 만족해야겠다. 이 문제를 상세히 다루는 건 우리의 원래 목적보다 훨씬 더 큰 일이니까 말이다.

지성의 덕에는 외적인 좋음이 크게 필요치 않고, 적어도 도덕적인 덕에 필요한 것보다는 적다. 지성의 덕이든 도덕적인 덕이든 모두 삶에 꼭 필요한 것이 같은 정도로 있어야 한다. 설령 정치가가 하는 일이 신체나 그 밖에 그런 종류의 것에 더 큰 관심을 기울여야 한다고는 해도 말이다. 이런 점에서는 둘 사이에 별다른 차이가 없다. 후한 사람이 남에게 자신의 후함을 베풀려면 돈이 필요하고, 정의로운 사람도 자신이 진 신세를 갚으려면 돈이 필요하다(바람만으로는 가려내기가 어렵다. 심지어 정의롭지 않으면서도 정의롭게 행동하는 척할 수 있으니 말이다).

용기 있는 사람이 자기가 가진 덕에 딱 들어맞는 행동을 해내려면 힘이 필요하고, 절제력 있는 사람에게는 절제력을 발휘할 기회가 필요하다. 이런 사람이나 그 밖의 누구든지 이런 것이 없다면 그 사람이 그런 덕을 지니고 있음을 어떻게 알아볼 수 있을까?

덕은 목적과 행위 모두와 관련이 있기에, 덕에 더욱 본질적인 것이 목적인지, 아니면 행위인지를 놓고서도 논쟁이 있다. 덕이 완전해지려면 둘 다 필요하다는 사실은 아주 분명하다. 어떤 행위를 하려면 많은 것이 필요하고, 더 훌륭하고 더 고귀한 행동일수록 더 많은 것이 필요하다. 하지만 진리를 관조하는 사람에게는, 적어도 자기가 활동하는 데는 그런 것이 전혀 필요치 않다. 오히려 그런 것이 관조를 방해한다고도 할 수 있다. 하지만 관조하는 사람도 많은 사람과 더불어 사는 존재이기에 덕에 따른 행위를 하려고 한다. 따라서 인간으로서 삶을 살아가려면 그에게도 그런 도움이 필요하다.

하지만 '완전한 행복이 관조적 활동'이라는 사실은 다음과 같은 생각에서도 그대로 드러난다. 우리는 신들이 다른 어떤 존재보다도 복되고 행복한 존재라고 가정한다. 그런데 신들에게 어떤 종류의 행위를 돌려야 할까? 정의로운 행위? 신들이 계약을 맺고 맡겨둔 돈을 돌려주는 따위의 일을 한다면 터무니없는 일이 아닐까? 아니면 용기 있는 행위? 용기 있는 사람이 위험에 맞서 모험을 감행하는 일을 벌이는 것은 그렇게 하는 것이 고귀하기 때문일까? 아니면 후한 행위? 신들이 대체 누구에게 준다는 것일까? 신들이 정말로 돈이나 그 비슷한 것을 가지고 있다면, 그야말로 황당한 일이 아닐까? 신들에게 절제력 있는 행위란 도대체 어떤 것일까? 신들에게는 나쁜 욕망이 없으니, 신들에게 절제력 있다고 칭송하는 일은 천박하지 않을까? 이 모든 것을 따져보더라도 신들에게 이러한 행위는 모두 하찮고 시시한 것일 따름이다.

그런데도 세간에서는 여전히 신들이 살아 있고 활동한다고 생각한다. 신들이 엔디미온(Endymion, 그리스 신화에 등장하는 엘리스의 왕으로, 달의 여신 셀레네가 그의 아름다운 용모에 반한 나머지 더 이상 늙지 않도록 영원히 잠재운 후에 라트모스 산의 동굴에 데려다놓고서 달이 뜨지 않는 날에 그를 찾아간다고 전해짐-옮긴이)처럼 잠들어 있다고는 생각할 수 없다.

그런데 살아 있는 존재에서 행위를 떼어내고, 나아가 제작하는 능력을 떼어내고 나면 관조 외에 무엇이 남을까? 그런 점에서 복된 것 가운데 가장 복된 것인 신들의 활동은 관조적 활동일 것이다. 그리고 인간의 활동 중에서 신들의 활동과 가장 많이 닮은 활동은 행복의 속성을 가장 많이 가지고 있는 것임이 분명하다. 다른 동물에게는 이런 활동을 할 능력이 전혀 없기에 행복에 참여하지 못한다는 사실이 이를 증명한다. 신들의 삶은 전체가 복되고, 인간의 삶은 신들의 활동을 얼마간 닮은 활동이 그 삶에 속하는 만큼 복되지만, 다른 동물은 결코 관조에 참여하지 않기에 어떤 동물도 행복하지 않다. 따라서 관조가 미치는 범위만큼 행복도 미치고, 더 많이 관조하는 사람일수록 더 행복하다. 이런 행복은 그저 관조에 따라오는 것이 아니라 관조를 통해서 얻어지는 것이다. 관조는 그 자체로 가치 있는 일이기 때문이다. 행복이 관조의 어떤 형태라는 점에는 틀림이 없다.

하지만 우리는 사람이기에 외적으로 좋은 조건이 필요할 것이다. 우리의 본성은 관조라는 목적을 위해서는 자족적이지 못할뿐더러 우리의 몸 또한 건강해야 하고, 음식도 먹어야 하며, 다른 보살핌도 받아야 한다. 그렇지만 그저 외적인 좋음이 없이는 더할 나위 없이 행복할 수 없다고 해서 사람이 행복해지려면 많은 것 혹은 대단한 것이 필요하다고 생각해서는 안 된다. 자족함이나 행위는 좋은 것이 넘치도록 많아야 하는 것이 아니며, 온 땅과 바다를 통치하지 않아도 고귀한 행동을 할 수 있으니 말이다.

심지어 우리는 적당 수준의 외적 조건만 갖춰져 있으면 덕에 따른 행위를 할 수 있다(이는 너무도 분명하다. 평범한 사람이라도 권력을 제 맘대로 휘두르는 왕 못지않게 훌륭한 일을 할 수 있고, 심지어 더 많이 할 수도 있으니까 말이다). 외적인 조건은 그 정도면 충분하다. 덕이 있고 그 덕을 실천하는 사람의 삶은 행복할 테니까 말이다.

솔론(아테네의 정치가로서 이른바 '솔론의 개혁'을 통해 아테네 민주정의 초석을 놓은 인물로 알려져 있으며, 고대 그리스의 일곱 현인 중 한 사람임 – 옮긴이) 또한 자신을, '외적 조건이 고귀한 행위를 할 수 있을 만큼 적당히 주어졌으며 절제력을 발휘하며 살아온 사람'이라고 말했다. 이는 행복한 사람이 어떤 사람인지를 잘 설명해준다. 사람은 재물이 그리 많지 않아도 마땅히 자기가 해야 할 일을 할 수 있기 때문이다. 아낙사고라스(고대 그리스의 자연 철학자 – 옮긴이)도 행복한 사람은 부자도 아니요, 왕도 아니라고 생각했던 듯하다. 그렇기에 그는 행복한 사람이 대부분의 사람들이 보기에는 행복해 보이지 않는다고 해도 자기는 조금도 놀라지 않을 것이라고 말했다. 사람들은 대부분 외적인 것으로 판단하고, 이것이 그들이 판단할 수 있는 전부이기 때문이다. 이렇게 지혜로운 사람의 의견도 우리의 논증과 일치한다.

하지만 그런 논증이 어느 정도 확신을 주기는 하지만 우리는 실천적인 문제에서 진리를 현실의 삶에서 일어나는 일에 비추어 판단해야 한다. 이렇게 현실의 삶에서 일어나는 일이야말로 진리를 판가름하는 데 결정적이기 때문이다. 따라서 우리가 앞에서 개진했던 이론은 현실의 삶에서 일어나는 일에 비추어 검증되어야 한다. 만약 그런 이론이 현실의 삶에서 일어나는 일과 일치한다면 우리는 그 이론을 받아들여야 하고, 만약 일치하지 않는다면 그런 이론은 한낱 이론에 불과한 것으로 여겨야 한다.

자기 지성에 따라 행동하고 그런 지성을 갈고 닦는 사람은 그 정신이 최고의 상태에 있는 사람이자 동시에 신들로부터 가장 사랑받는 사람이다. 세간에서 그러리라고 생각하는 것처럼 신들이 조금이라도 인간사에 관심을 기울인다면, 신들은 당연히 가장 좋은 것과 자신을 가장 닮은 것(즉 지성)에 기뻐할 것이다. 또한 신들은 당연히 이렇게 지성을 사랑하고 아끼는 사람에게 신들이 가장 사랑하는 것을 살피고, 올바르고 고귀하게 행하는 사람으로서 상을 줄 것이다. 그리고 이 모든 속성을 누구보다 많이 지닌 사람이 철학적 지혜를 지닌 사람이다. 따라서 철학적 지혜를 지닌 사람이 신들에게 가장 사랑받는 사람이자 가장 행복한 사람이라 하겠다. 이런 점에서 철학적 지혜를 지닌 사람은 다른 누구보다도 행복한 사람이다.

살아갈 힘을 주는 니체 아포리즘

니체의 인생 수업

프리드리히 니체 지음 | 값 15,000원

내가 살아가는 목적을 모르겠다면, 현재의 삶이 괴롭고 고통스럽다면 니체의 생생한 목소리를 담은 이 책을 읽자! 채우기보다는 비워내 나 자신을 찾아 삶의 위기를 의연하게 이겨내길 당부하는 니체 특유의 디톡스 철학, 생(生) 철학이 고된 우리의 현실을 이겨내고 다시 살아갈 힘을 준다. 이 책에는 우리가 알아야 할 인생의 모든 지혜가 담겨 있다. 겉만 번지르르한 관념적인 인생 조언이 아니라 냉엄한 현실을 살아가는 데 도움이 되는 생생하고 구체적인 실천 수칙들이 가득하다.

살아갈 힘을 주는 쇼펜하우어 아포리즘

쇼펜하우어의 인생 수업

아르투어 쇼펜하우어 지음 | 14,900원

행복과 인생의 본질, 인간관계의 본질, 학문과 책의 본질 등 인생 전반에 대한 쇼펜하우어의 직설적인 조언을 담은 인생 지침서다. 쇼펜하우어는 이 책에서 인생은 고통 그 자체지만 이 고통이 살아갈 힘을 준다고, 부는 행복에 큰 영향을 끼치지 않는다고, 남에게 평가받기 위해 인생을 낭비하지 말라고, 불행은 혼자 있을 수 없는 데서 생기기에 인간은 고독해야 한다고 전한다.

사람의 마음을 움직이는 38가지 설득 요령

쇼펜하우어의 내 생각이 맞다고 설득하는 기술

아르투어 쇼펜하우어 지음 | 값 13,500원

이 책은 대화하는 사람들의 내면에 잠재된 인간 본성을 들춰냄으로써 인간의 오류를 예리하게 지적한다. 나아가 논리학에서 다루는 쟁점 사항인 객관적인 진리에 도달하기 위해, 궁극적으로 상대로부터 몰아치는 공격에서 허위와 기만의 낌새를 포착하고 그것에 적절히 대처할 수 있어야 한다고 당부한다. 이 책은 그러한 위험 신호를 감지하는 민첩성과 예민함을 길러주는 훌륭한 지침서가 되어줄 것이다.

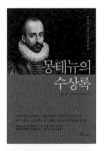

인간에 대한 위대한 통찰

몽테뉴의 수상록

미셸 몽테뉴 지음 | 값 12,000원

가볍지도 과하지도 않은 무게감으로 몽테뉴는 세상사의 다양한 주제들에 대해 본인의 견해를 자신 있고 담담하게 풀어낸다. 이 책을 읽으며 나의 판단이 바른지, 내가 지금 제대로 살고 있는지, 앞으로 어떻게 살아야 하는지 등을 수없이 자문해보자. 원초적인 동시에 삶의 골자가 되는 사유를 함으로써 의식을 환기하고 스스로를 성찰하며 인생의 전반에 대해 배우는 계기가 될 것이다.

자기를 온전히 믿고 살아가라
에머슨의 자기 신뢰

랠프 월도 에머슨 지음 | 값 12,000원

이 책은 인간이 자기 신뢰를 기초로 행동함으로써 더 나은 성취를 이룰 수 있다는 깊은 통찰이 담긴 에세이다. 에머슨은 ㅁ자신을 믿는 사람은 세계에서 가장 강한 사람'이라고 말한다. 자기 신뢰를 실천하면 내 안에 잠들어 있던 놀라운 힘을 발견하게 된다는 것이다. 이 책을 읽는 독자는 자신을 믿고 자신의 능력에 자부심을 가짐으로써 더 큰 성공을 얻고 만족스러운 삶을 살아갈 수 있을 것이다.

자신과 마주하고 지혜롭게 살아가기
아우렐리우스의 명상록

마르쿠스 아우렐리우스 지음 | 값 11,000원

마르쿠스 아우렐리우스는 로마제국을 20년 넘게 다스렸던 16대 황제다. 그는 로마에 있을 때나 게르만족을 치기 위해 진영에 나가 있을 때 스스로를 반성하고 성찰하는 내용을 그리스어로 꾸준히 기록했다. 그 결과물이 바로 『명상록』이다. 마음가짐을 어떻게 가져야 하는지, 삶과 죽음에 대한 바람직한 태도는 무엇인지, 변하지 않는 세상의 본질은 무엇인지 등을 들려주고 있어 곱씹고 음미하면서 책장을 넘기게 될 것이다.

우리는 어떻게 살아야 하는가
발타자르 그라시안의 인생 수업

발타자르 그라시안 지음 | 15,000원

이 책은 스페인의 대철학자 발타자르 그라시안의 인생에 대한 뛰어난 통찰력과 인간관계의 본질에 대한 직설적인 조언을 담은 인생지침서다. 발타자르 그라시안은 좋은 사람인 척 살아가기보다는 세상의 본질을 알고 지혜를 갖출 때 내 삶은 행복해진다는 메시지를 전하고 있다. 이 책에서 만날 수 있는 현명하고 솔직한 직언으로 자기 자신의 모습을 되돌아보며 삶을 살아갈 힘을 얻어보자.

살아갈 힘을 주는 세네카 아포리즘
세네카의 인생 수업

루키우스 안나이우스 세네카 지음 | 값 14,500원

세네카가 남긴 12편의 에세이 중 대중들에게 가장 널리 알려진 6편의 에세이를 한 권으로 엮어 펴낸 책이다. 편역서의 특성상 현대의 독자들이 이해하기 힘들거나 시대적·역사적·문화적으로 거리가 먼 내용들은 과감히 삭제하고, 현대인들이 실질적으로 자신들의 삶에 적용할 수 있을 만한 핵심 내용만을 추려 간결하고 압축된 형식으로 소개한다.

■ **독자 여러분의 소중한 원고를 기다립니다** ━━━━━━━━━━━━━━

메이트북스는 독자 여러분의 소중한 원고를 기다리고 있습니다. 집필을 끝냈거나 집필중인 원고가 있으신 분은 khg0109@hanmail.net으로 원고의 간단한 기획의도와 개요, 연락처 등과 함께 보내주시면 최대한 빨리 검토한 후에 연락드리겠습니다. 머뭇거리지 마시고 언제라도 메이트북스의 문을 두드리시면 반갑게 맞이하겠습니다.

■ **메이트북스 SNS는 보물창고입니다** ━━━━━━━━━━━━━━

메이트북스 홈페이지 www.matebooks.co.kr

책에 대한 칼럼 및 신간정보, 베스트셀러 및 스테디셀러 정보뿐만 아니라 저자의 인터뷰 및 책 소개 동영상을 보실 수 있습니다.

메이트북스 유튜브 bit.ly/2qXrcUb

활발하게 업로드되는 저자의 인터뷰, 책 소개 동영상을 통해 책에서는 접할 수 없었던 입체적인 정보들을 경험하실 수 있습니다.

메이트북스 블로그 blog.naver.com/1n1media

1분 전문가 칼럼, 화제의 책, 화제의 동영상 등 독자 여러분을 위해 다양한 콘텐츠를 매일 올리고 있습니다.

메이트북스 네이버 포스트 post.naver.com/1n1media

도서 내용을 재구성해 만든 블로그형, 카드뉴스형 포스트를 통해 유익하고 통찰력 있는 정보들을 경험하실 수 있습니다.

STEP 1. 네이버 검색창 옆의 카메라 모양 아이콘을 누르세요. STEP 2. 스마트렌즈를 통해 각 QR코드를 스캔하시면 됩니다. STEP 3. 팝업창을 누르시면 메이트북스의 SNS가 나옵니다.